Irmgard Diemer
Imkern
als Hobby

Irmgard Diemer

Imkern
als Hobby

Franckh-Kosmos

Impressum

Mit 24 Farbaufnahmen von Angermayer/Pfletschinger (16), Juniors Bildarchiv (3; Gehlken 17ol, Begsteiger 37u, Putz 38u), Dr. Rudolf König (2; S. 38or, 55ur) und Reinhard-Tierfoto (3; S. 36ur, 37o, 38ol) sowie 25 sw-Zeichnungen von G. Czech nach Vorlagen der Autorin.

Umschlaggestaltung von Atelier Reichert, Stuttgart, unter Verwendung von 4 Aufnahmen von Angermayer/Pfletschinger (großes Motiv und Imker) sowie Reinhard-Tierfoto.

Der Inhalt dieses Buches basiert auf dem 1986 bei Franckh-Kosmos erschienenen Titel »Bienen« von Irmgard Diemer und ist für die vorliegende Ausgabe aktualisiert worden.

Alle Angaben in diesem Buch sind sorgfältig geprüft und geben den neuesten Wissensstand bei der Veröffentlichung wieder. Da sich das Wissen aber laufend weiterentwickelt und vergrößert, muß jeder Anwender prüfen, ob die Angaben nicht durch neuere Erkenntnisse überholt sind. Dazu muß er zum Beispiel Beipackzettel zu Medikamenten lesen, Gebrauchsanweisungen und Gesetze beachten.

Die Deutsche Bibliothek –
CIP-Einheitsaufnahme

Diemer, Irmgard:
Imkern als Hobby / Irmgard Diemer. –
Stuttgart : Franckh-Kosmos, 1995
    Früher u.d.T.: Diemer, Irmgard: Bienen
    ISBN 3-440-06913-3

© 1995, Franckh-Kosmos Verlags-GmbH & Co., Stuttgart
Alle Rechte vorbehalten
ISBN 3-440-06913-3
Lektorat: Iris von Bonin-Kunz
Herstellung: Kirsten Raue
Printed in Germany/Imprimé en Allemagne
Satz: G. Müller, Heilbronn
Herstellung: Huber KG, Dießen

Inhalt

Die Bedeutung der Biene — 6
  Bienen halten – wozu? — 6
  Der indirekte Nutzen der Biene — 6
  Der direkte Nutzen der Biene — 8

Grundkenntnisse über die Bienen — 10
  Das Bienenvolk — 10
  Temperaturregulation im Stock — 12
  Die drei Bienenwesen — 13
  Die Anatomie der Biene — 23
  Die Arten der Biene — 37

Der Einstieg — 39
  Allgemeine Voraussetzungen — 39
  Der geeignete Standort — 40
  Die Biene und ihre Behausung — 41
  Bienenhaus, Freiaufstellung, Bienenschauer — 50
  Das Handwerkszeug des Imkers — 51
  Die Anschaffung der Völker — 55

Die Arbeiten am Bienenvolk — 56
  Die Völkerdurchsicht — 56
  Die Vermehrung der Bienenvölker — 57
  Die Fütterung — 65
  Das Wandern — 66
  Die Honigernte — 69
  Die Wachsgewinnung — 75

Das Vorbereiten der Rähmchen — 76

Das Bienenjahr — 78
  Januar — 78
  Februar — 78
  März — 79
  April — 80
  Mai — 81
  Juni — 82
  Juli — 83
  August — 83
  September — 84
  Oktober November Dezember — 84

Die Bienenweide (Tracht) — 85

Die Gefährdungen der Biene — 93
  Krankheiten der Brut — 93
  Krankheiten der Brut und der erwachsenen Bienen — 94
  Krankheiten der erwachsenen Biene — 96
  Schädlinge der Bienen — 97
  Gefährdungen der Bienen durch Pflanzenschutzmittel — 99

Anhang — 101
  Vereinswesen und Interessenvertretung — 101
  Literatur — 102
  Fachausdrücke — 103
  Register — 104

Die Bedeutung der Biene

Bienen halten – wozu?

Stellt man diese Frage einem alten Imker, kann es sein, daß er verständnislos antwortet: »Die Bienen? Ich habe sie, weil's mir gefällt!«
Diese Tatsache ist sicher Grund genug, Bienen zu halten. Aber die innere Befriedigung, die vielen Imkern aus dem Umgang mit ihren summenden Freunden erwächst, kommt auch durch das Erleben der großen Bedeutung der Bienen für die gesamte Natur. Nicht umsonst war die Biene bereits in frühen Zeiten das Zeichen für Eingeweihte, Priester und Könige. Sie galt schon immer als heiliges Tier, und dementsprechend waren all ihre Erzeugnisse hoch geschätzt. So standen bei den Ägyptern bei Friedensverträgen Honig und Wachs als Geschenke an erster Stelle, Sklaven kamen erst danach. Im 3. Jahrhundert v. Chr. war die Biene schon Münzbild der griechischen Stadt Ephesus und Abzeichen der Stadtgöttin Artemis.
Aber nicht nur die Ägypter und Griechen kannten und verehrten die Honigbiene, bei allen Völkern der Erde spielte sie in der Mythologie eine große Rolle. Die Germanen beispielsweise stellten ihren Lebensbaum Yggdrasil oben von vielen Bienen umgeben dar. Offensichtlich wußten schon sie um die elementare Bedeutung der Bienen für die Fortpflanzung und Existenz vieler Pflanzen und um die lebensspendende Kraft des Honigs. Und auch der französische Kaiser Napoleon verehrte die Bienen: Er ließ seinen Königsmantel mit vielen goldenen Bienen besticken.
Noch bis heute sind diese kleinen Insekten nicht nur deshalb so faszinierend für viele Menschen, weil sie in einer geordneten Sozialstruktur einträchtig zu Tausenden zusammenleben, sondern auch weil sie leben, ohne zu rauben oder gar zu töten. Denn Bienen ernähren sich überwiegend von Blütenstaub und Nektar, also von Absonderungsprodukten der Pflanzen, die sonst ungenutzt blieben. Dabei ist das Erstaunliche, daß sie durch ihr Nehmen gleichzeitig geben: Sie geben den vielen insektenblütigen Pflanzen die Möglichkeit zur Fortpflanzung, indem sie Blütenstaub übertragen, was eine Samenbildung erst ermöglicht.

Der indirekte Nutzen der Biene

Bienen haben an der **Bestäubung** durch Insekten einen Anteil von 80%. Alle Schmetterlinge, Wespen, Hummeln und Fliegen zusammen vermö-

Bedeutung der Biene

gen also nicht soviele Blüten zu bestäuben, wie die Honigbienen Jahr für Jahr leisten.

Dabei kommt ihnen zugute, daß sie viele Blütenarten befliegen können und nicht auf nur wenige spezialisiert sind wie viele Wildbienenarten. Durch die Überwinterung in einem Volk sind im Frühjahr, wenn ja die meisten Pflanzen blühen, schon mehr bestäubende Bienen vorhanden als z.B. Hummeln, bei denen die Weibchen einzeln überwintern und erst Nachkommen aufziehen müssen.

Zudem sind die Honigbienen blütenstet, sie befliegen also Blüten nicht wahllos hintereinander, sondern immer eine gleiche Art, so daß der Blütenstaub auch auf die richtige Pflanze gelangt.

Neuere Forschungen bestätigen immer wieder den Wert der Bienen für die Bestäubung der verschiedenen Pflanzen wie Sonnenblumen, Raps, Klee, Luzerne, Baumwolle, Obst und vieler anderer. Dabei wird nicht nur die Anzahl der Früchte oder Samen durch die Bienen beeinflußt, sondern auch deren **Qualität** erhöht. Ein einmaliger Anflug auf eine Blüte genügt jedoch nicht in jedem Falle:

So konnte in einem Versuch mit Erdbeeren eine 100%ige Bestäubung der Pflanzen zwar durch einen 1- bis 15maligen Anflug pro Blüte erreicht werden, das durchschnittliche Fruchtgewicht einer Erdbeere betrug dabei jedoch nur 5,2 g, während es bei einem 21- bis 25maligen Anflug je Blüte auf 8,1 g anstieg.

In Südfrankreich konnte im Lavendelanbau folgendes festgestellt werden: Die von Bienen beflogenen Pflanzen blühten zwar rascher ab, ergaben aber 16–20% mehr Lavendelessenz.

Luzerne brachte ohne die Bestäubung durch Bienen einen Samenertrag von 0,57 kg pro Hektar, mit Bienen 200 kg und mit allen Insekten 232 kg. In Deutschland wurden an Birnen je Baum nur 45 kg ohne Bienenbeflug, aber 156 kg mit Bienenbeflug geerntet. Raps für die Ölgewinnung kann einen Mehrertrag von 53% bringen, wenn er von Bienen beflogen wird. Dabei nehmen die Kornzahl, die Anzahl der Samen pro Schote und das Samengewicht zu. Auch die Keimfähigkeit wird erhöht.

Auch für die **Tierwelt** haben die Bienen eine große Bedeutung. Denn viele Vogelarten leben ja von Samen, Früchten bzw. Beeren, die nur entstehen können, wenn zuvor die Blüten von Bienen beflogen wurden. So ist volkswirtschaftlich gesehen der Wert der Bienen, der durch ihren Flug geschaffen wird, beträchtlich größer als der Wert ihres Honigs.

So hat die Biene eine geheime Schlüsselposition im Gefüge der Natur. Für die Pflanzen- und Tierwelt hat sie unermeßliche Bedeutung. Aber auch direkt für den Menschen bringt sie vielseitigen Nutzen, werden doch all ihre Erzeugnisse, vom Honig übers Kittharz bis zum Bienengift, seit Jahrtausenden als Heil- und Genußmittel verwendet.

Bedeutung der Biene

Der direkte Nutzen der Biene

Honig gilt seit ältesten Zeiten als wertvollste Speise, ja geradezu als Götterspeise. Und wenn man bedenkt, aus welch feinen Rohstoffen und auf welch komplizierte Weise er gebildet wird (siehe S. 87), kann man seinen Wert erahnen. Er ist Nahrungs- und Heilmittel zugleich. Da er einen hohen leichtverdaulichen Zuckergehalt hat, ist er ein idealer Kraftspender für Gesunde und Kranke. Er geht ohne weitere Verdauungsprozesse direkt ins Blut und stärkt Herz und Nerven. Auch kann er den Eisengehalt des Blutes deutlich erhöhen. Deswegen sollten Schulkinder in Abständen eine Kur mit Milch und Honig erhalten. Aber nicht nur für Kinder und Jugendliche ist der Honig wertvoll, gerade für ältere Menschen, deren Verdauungsvermögen herabgesetzt ist, bringt er allgemeine physische und psychische Stärkung.

Bienenwachs ist das »Knochengerüst« des Bienenvolkes. Es fällt bei der Verwandlung des Nektars in Honig an und wird aus Drüsen des Hinterleibes geschwitzt. Chemisch gesehen besteht es zu ca. 80% aus Estern und Säuren. Es schmilzt bei ca. 63 °C. In der Heilmittel- und Kosmetikherstellung, in Kunstgießereien sowie für die Herstellung von Möbelpflegemitteln und Baumwachs findet Bienenwachs vielfach Verwendung. Ebenso wie Honig wird auch Bienenwachs seit alters her hoch geschätzt, war es doch jahrhundertelang eine der wenigen Lichtquellen. Auch heute noch sind Bienenwachskerzen sehr begehrt, die neben einem warmen Licht auch einen feinen Duft verbreiten.

Der Blütenstaub: Wie viele Blüten ohne Bienen keinen Samen hervorbringen, also ohne »Nachwuchs« bleiben, können die Bienen ihrerseits ohne Blütenstaub keine Nachkommen heranziehen. So hat ein Bienenvolk einen durchschnittlichen Eigenbedarf von ca. 30 kg Blütenstaub im Jahr. Jedes Pollenkörnchen ist bis ins feinste durchgliedert und enthält stickstoffhaltige Verbindungen, Kohlenhydrate, fettartige Substanzen, Fermente, Mineralien und Vitamine.
Der gesundheitliche Wert von Pollen ist auch für den Menschen bedeutend, allerdings ist er häufig schwer verdaulich. Da jeder Honig eine gewisse Menge Blütenstaub enthält, ist es nicht unbedingt nötig, ihn extra einzunehmen. Bei chronischen Krankheiten jedoch kann eine Pollenkur oft Heilung bringen. Pollen regt den Appetit an, steigert die Nahrungsverwertung, harmonisiert die Darmtätigkeit, stärkt die Sehkraft und hilft bei Prostataleiden.
Der in den Waben zubereitete und gereifte Blütenstaub ist das Bienenbrot. Die Bienen stampfen den Pollen mit ihren Köpfchen fest in die Wabenzellen und überziehen die Zellen mit Honig. Dann vollzieht sich unter dem Einfluß von Fermenten eine Milch-

Bedeutung der Biene

säuregärung, wobei alle leichtverdaulichen Bestandteile aufgeschlossen und konserviert werden. Dieser fermentierte Blütenstaub ist für den menschlichen Verzehr höher zu bewerten als der frisch gesammelte aus der Pollenfalle.

Das Kittharz, auch Propolis genannt, ist das »Hemd« des Bienenvolkes. Mit diesem rötlichen bis orangegelben Harz überziehen die Bienen Kastenwände, Rähmchen, Wabenzellen und undichte Stellen ihrer Behausung. Tiere, die ins Volk gelangen, z.B. Mäuse, werden totgestochen und mit Kittharz einbalsamiert, so daß keine Verwesung stattfinden kann.

Die Ausgangssubstanz sammeln die Bienen von Blütenknospen von Erlen, Birken, Roßkastanien, Pappeln, Tannen, Kiefern, Kirschen u.a. Bäumen. Das klebrige antibiotische Harz vermengen sie mit Wachs und öligem Pollenbalsam, das bei der Verdauung der Pollenkörner entsteht. So hat Propolis eine Zusammensetzung von ca. 55% Harzen und Balsamen, 30% Wachs, 10% ätherischen Ölen und 5% Blütenstaub, wobei die Inhaltsstoffe je nach Herkunft sehr verschieden sind.

Die Bedeutung und Wirkung des Propolis sind sehr vielseitig. Bei vielen Wunden dient es zur Desinfektion und Heilung. Auch bei Hühneraugen, Zahnfleischschwund und Erkrankungen der oberen Atemwege wird es erfolgreich eingesetzt. Früher wurde Kittharz auch zum Lackieren von Geigen verwendet, um ihnen einen besonders guten Klang zu verleihen.

Gelée Royal ist der bitter schmeckende Königinnenfuttersaft, der aus Schwarm- bzw. Königinnenzellen gewonnen wird. Es ist trotz seines hohen Preises von manchen sehr begehrt, da ihm verjüngende Kräfte nachgesagt werden.

Das Bienengift ist neben dem der Schlange schon seit Jahrhunderten ein häufig verwendetes Heilmittel. So hat »Doktor« Biene nicht nur die Medizin, sondern auch die Injektion längst vor dem Menschen erfunden. Besonders vermag Bienengift rheumatische Beschwerden, Polyarthritis, Neuritis, Neuralgien, Bronchialasthma, Migräne, Bluthochdruck sowie entzündliche Erkrankungen zu lindern bzw. gar zu heilen. Selbst ein zu hoher Cholesterinspiegel kann mit Bienengift gesenkt werden.

In Rußland werden lebendige Bienen direkt an die Körperstellen des Patienten gesetzt, in die das Gift eingespritzt werden soll. Diese Methode ist am wirkungsvollsten.

Wichtig ist zu wissen, daß Bienenstiche anfänglich Schwächegefühl und Müdigkeit hervorrufen können. Das ist aber eine natürliche Reaktion. Meist gewöhnt sich der Organismus schnell an Bienengift, und öfter bestochene Stellen reagieren mit der Zeit nicht mehr.

Nach Meinung vieler Imker wirkt Bienengift durch Steigerung der kör-

Grundkenntnisse

pereigenen Abwehrkräfte auch vorbeugend gegen viele Krankheiten. Dadurch würde erklärlich, wieso langjährige Imker oft noch im hohen Alter eine hervorragende körperliche Verfassung besitzen.

Der herausragende Wert der Biene für Mensch und Natur scheint durch den wirtschaftlichen Aufschwung und die modernen Landbaumethoden vielerorts in Vergessenheit geraten zu sein. Bis zum Zweiten Weltkrieg fehlten Bienen auf fast keinem Bauernhof. Es ist aber notwendig, daß die Biene wieder mehr ins Bewußtsein der Menschen rückt und daß sich mehr finden, die sich der Bienenpflege annehmen. Denn im Laufe der Zeit sind die Bienen existentiell von dem Wohlwollen und der Hilfe des Menschen abhängig geworden.

Der Umgang mit Bienen ist erholsam und persönlichkeitsfördernd, wodurch der Imker noch in besonderer Weise belohnt wird: Ein Leben mit Bienen führt zu einem bewußteren Leben. Man wird nicht nur angeregt, die Pflanzen besser kennenzulernen und anzuschauen, sondern auch, sie in ihrem Zusammenhang mit dem Jahreslauf und der Witterung zu sehen. Zu allem kann besonders der Imker im Laufe der Zeit eine innere Beschaulichkeit entwickeln und Einblicke in Naturzusammenhänge gewinnen. Dies kann dem Lebensgefühl echte Befriedigung bringen, was in unserer technisierten Welt immer mehr vonnöten wird.

Nicht nur die Erzeugnisse der Bienen sind urgesund, allein schon die Beschäftigung mit ihnen ist es.

Grundkenntnisse über die Bienen

Das Bienenvolk

Zoologisch gesehen gehört die Biene zur Klasse der Insekten, deren Körperbau in Kopf, Brust und Hinterleib gegliedert ist. Die **Gliederung** findet sich in vieler Hinsicht im Bereich der Bienen. So besteht ein Bienenvolk aus drei verschiedenen Wesen: Königin, Arbeitsbienen und Drohnen, wobei die Arbeitsbienen sehr zahlreich sind. Auch bei der Einzelbiene findet man das Prinzip der dreifachen Gliederung in der Körpergestalt wieder. Das Gliedern zieht sich durch die Welt der Bienen wie ein geheimes Motiv. Nicht nur die Entwicklung zum erwachsenen Tier, sondern auch dessen Leben gliedert sich in mehrere Abschnitte, und auch in der Behausung

Grundkenntnisse

der Bienen herrscht eine Aufteilung. Man findet nämlich keine einfache Höhle, sondern mehrere Waben, die aus vielen Zellen bestehen. Die Zellen sind nicht alle einförmig, es gibt drei verschiedene Arten: Arbeiterinnenzellen, Drohnenzellen und Weiselzellen (»Weisel«: Imker-Fachwort für Königin). Auch die Waben lassen in der Regel drei unterschiedliche Bereiche erkennen (Abb. S. 35): den Brutbereich in der Mitte, darüber den Pollenkranz und über diesem die Honigkappe. So findet sich fluglochnah das meist kugelförmige Brutnest und fluglochfern der Futtervorrat.

Wen wundert es noch, wenn die Bienen auch eine gegliederte Landschaft, in der sich Bäume, Hecken und Felder abwechseln, bevorzugen? Interessanterweise benötigt die Biene für ihre Entwicklung gerade den Teil der Pflanze, der ähnlich dem Bienenvolk aus vielen stark durchgeformten Einzelteilen besteht, nämlich den Blütenstaub. So sind in einer Apfelblüte 100 000 und in einer Haselblüte 4 Millionen Pollenkörner. Wie stark durchgeformt Blütenstaub ist, zeigt die Abbildung. Es ist deshalb nicht verwunderlich, daß natürlicher Blütenstaub nicht durch Pollenersatzmittel wie Soja, Hefe und Milchpulver vollwertig ersetzt werden kann.

Der »Bienenpfarrer« Gerstung (1860–1925) sprach als erster aus, daß nur das Bienenvolk als Ganzes ein vollständiger **Organismus** ist. Man spricht deshalb auch vom »Bien«. Zu einem Volk gehören im Sommer

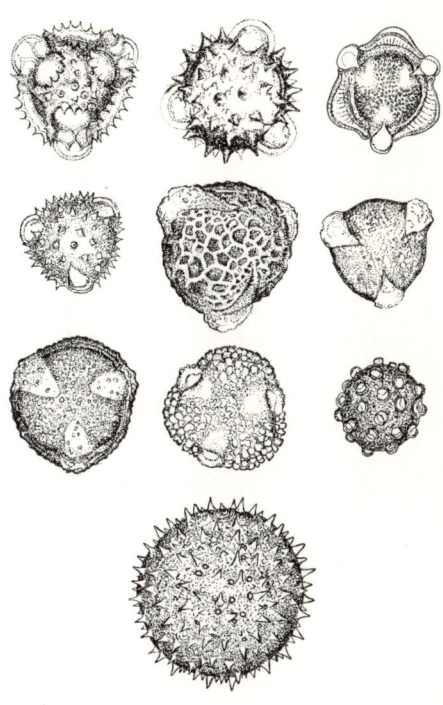

Pollenkörner verschiedener Pflanzenarten (stark vergrößert)

eine Königin, 20 000–40 000 Arbeitsbienen und 300–3000 Drohnen. Im Wintervolk sind außer der Königin noch ca. 10 000 Arbeitsbienen, selten auch ein paar Drohnen.

Eine Besonderheit bei den Bienen ist ihre **Arbeitsteilung.** Die Königin legt nur die Eier. Die Arbeitsbienen übernehmen die Brutpflege bis zum Schlüpfen und haben außerdem eine

Grundkenntnisse

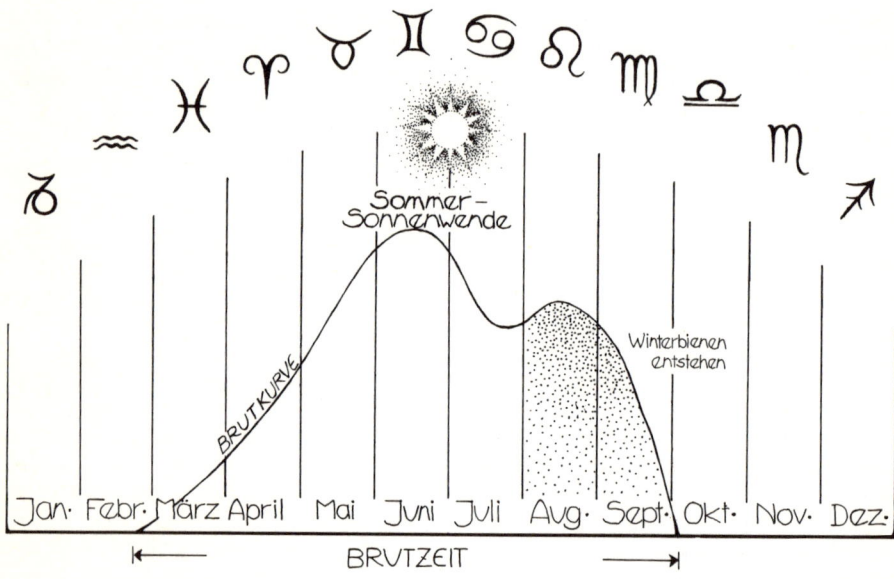

Die Entwicklung der Bruttätigkeit im Jahreslauf (nach Pfefferle)

Fülle weiterer Funktionen im Stock. Und auch die Drohnen sind neben der Begattung der Königin für wichtige Aufgaben im Bienenvolk zuständig (siehe S. 20f.)

Die **Volksentwicklung** der Bienen geht parallel zum Sonnenlauf. Schon Mitte Januar, kurz nach der Wintersonnenwende, kann die Königin ihre Legetätigkeit aufnehmen. Im Mai/Juni ist der Anstieg der Sonne relativ steil. Auch die Volksentwicklung steigt und erreicht um die Sommersonnenwende zur Johannizeit ihren Höhepunkt. Bis Anfang August sind 90% der Brut eines Volkes erreicht und 90% des Pollens eingetragen, unabhängig von der Gegend (Abb. oben).

Temperaturregulation im Stock

Für ihr Gedeihen benötigen Bienen außer Blütenstaub Nektar oder Honigtau, Wasser, Wärme und Sonne. Sie können erst bei ca. 8 °C fliegen, um Wasser für die Brut zu holen. Für Trachtflüge sollte es mindestens 12 °C Außentemperatur haben. Bienen erzeugen Wärme durch die

Grundkenntnisse

Steigerung des Stoffwechsels in ihrer Brustmuskulatur, indem sie die Flugmuskulatur bewegen. Sie können ihren Körper sehr schnell, binnen weniger Minuten, um einige Grade erwärmen. Dies geschieht oft auch vorm Ausfliegen. Allerdings kann eine Einzelbiene in kalter Luft einen raschen Wärmeverlust nicht verhüten und wird bei ca. 7 °C klamm, wenn ein plötzlicher Kälteeinbruch sie draußen überrascht.

Im Brutnest, dem »Heiligtum des Bien«, wo sich die Bienen zu Tausenden zusammenfinden, halten sie unabhängig von den Außenbedingungen eine Temperatur von 35–37 °C aufrecht. Bei der geringsten Unterkühlung heizen sie ihren Körper auf, wobei sie zuweilen bis zu 10 °C wärmer werden als ihre Umgebung und als lebendige »Öfchen« die erzeugte Wärme abgeben. An heißen Tagen aber lockert sich die Bienendichte auf den Brutwaben. Wenn die Wärme weitersteigt, breiten die Stockbienen einen zarten Wasserschleier über die Waben und fördern die Verdunstung durch Fächeln mit ihren Flügeln. Die »Öfchen« können sich in »Ventilatoren« verwandeln.

Die Bienen haben diese hohe Kunst der Temperaturregelung mit dem Menschen, allen anderen Säugetieren und Vögeln gemeinsam. Auch dadurch nehmen sie eine Sonderstellung ein, denn Insekten sind ja wechselwarme Tiere, die ihre Aktivität im allgemeinen streng der Umgebungstemperatur anpassen.

Die drei Bienenwesen

Wie bei den Schmetterlingen findet bei allen drei Bienenwesen eine Entwicklung statt, die in vier Stadien vor sich geht (Abb. S. 14). Aus einem einfachen Ei schlüpft ein wurmähnliches Gebilde, die Larve, auch Made genannt. Aus dieser entwickelt sich eine Puppe, und daraus wird nach einer bestimmten Zeit das fertige Insekt.

In einer geputzten Zelle heftet die Königin mit einer klebrigen Ausscheidung ein Ei in die Mitte des Zellbodens. Dieses ist 1,3 bis 1,8 mm groß und steht senkrecht. Innerhalb der folgenden drei Tage neigt es sich zur Seite, und die Made schlüpft. Die Made frißt, wächst und häutet sich viermal. Von der Rundmade wird sie zur Streckmade, so daß der Kopf nach außen liegt, das Hinterende am Zellboden. In diesem Stadium wird die Zelle mit porösem Altwachs verdeckelt. Die Made spinnt sich beim Strecken noch in einen Kokon ein.

Aus der Streckmade, die fast die ganze Zelle erfüllt, wird die Puppe. Als solche muß sie sich noch zweimal häuten. In Ruhe und Wärme bildet sich jetzt das so fein gegliederte Insekt heraus. Als erstes werden die Augen deutlicher, anschließend bräunt sich das Bruststück, dann der Hinterleib. Erst nach der letzten Häutung breiten sich auch die Flügel aus. Hat sich die Puppe zur Imago umgebildet, wie man das erwachsene Tier nennt, schlüpft es. Die Arbeitsbienen durchbeißen ihren Zelldeckel von der Mitte

Grundkenntnisse

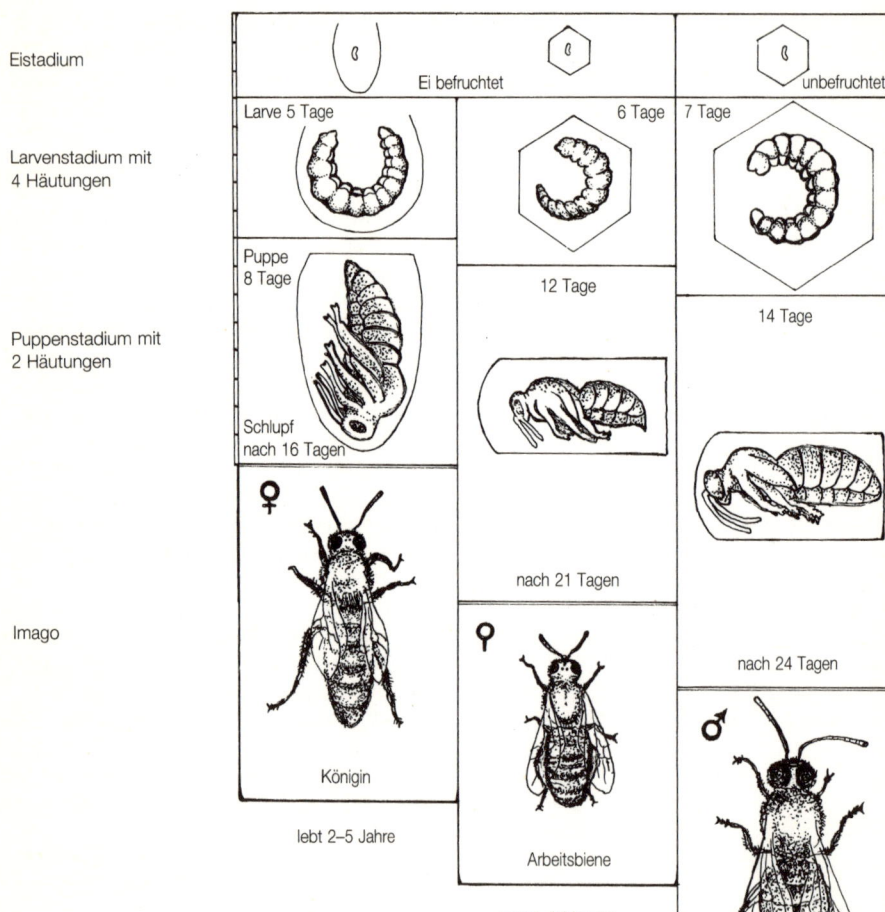

Die Entwicklungsstadien der Honigbiene

Grundkenntnisse

her, während die Drohnen und die Königin ihn am Rand durchschneiden, so daß runde Wachsdeckelchen abfallen, die im Gemüll zu finden sind. Das Puppenhemd, auch Nymphenhäutchen genannt, bleibt in der Zelle zurück.

Die Ernährung der Brut beginnt erst im Larvenstadium. Die älteren Ammenbienen besitzen im Kopf Futtersaftdrüsen, mit denen sie für die Maden aller drei Bienenwesen den Futtersaft, die Brutmilch, bereiten. Reinen Futtersaft erhalten die Maden in den ersten drei Tagen reichlich, die Weiselmaden aber bis zum Verdeckeln. Bei den Arbeiterinnen- und Drohnenmaden wird dem Futtersaft ab dem dritten Tag der Fütterung Honig und Blütenstaub beigemengt. Der Futtersaft für die Königin unterscheidet sich von dem der Arbeitsbienen in Menge und Zusammensetzung. Merkwürdig ist, daß erst im Streckmadenstadium der Kot am Zellgrund abgesetzt werden kann.

Die Königin

Ein Volk ist nur dann ein Ganzes, wenn es eine Königin, Weisel bzw. Stockmutter hat. Die Weisel bildet den Mittelpunkt für alle anderen Bienen. Ein Hofstaat von ca. 12 Bienen, die ständig wechseln, begleitet sie immer. Sie belecken sie, betasten sie mit ihren Fühlern, umkreisen sie bei der Eiablage und reichen ihr das Futter.

Die Königin bestimmt den Zusammenhalt und die Stimmung eines Volkes. Sie ist das einzige vollkommene weibliche Tier und legt Eier, auch Stifte genannt, aus denen sich die Bienen entwickeln. In der Hauptsaison vermag sie bis zu 1500 Eier pro Tag zu legen, was mehr als ihrem Körpergewicht entspricht. Alle Bienen stehen mit ihrer Königin auch stofflich in einer ständigen Beziehung. Die Königin gibt aus ihren Vorderkieferdrüsen einen Duftstoff (Pheromon) an ihren Hofstaat ab, der an alle Bienen weitergegeben wird. Geht die Königin verloren oder stirbt sie, fühlt sich das Volk schon nach einer Stunde weisellos und »heult«. Der Imker kann dann an dem jammervollen Summen hören, daß das Volk weisellos ist.

Für den Imker ist es immer ein erhebendes Gefühl, wenn er die Königin zu sehen bekommt. Doch woran erkennt er sie?

Die Weisel hat im Vergleich zu den Arbeitsbienen einen viel größeren und spitz zulaufenden Hinterleib. Ihre Flügel sind kürzer als der Hinterleib, in dem sich die Eierstöcke befinden. Ihr Kopf ist gegenüber der mehr dreieckigen Kopfform der Arbeitsbienen rundlich. Sie hat keine Pollensammeleinrichtungen an den Hinterbeinen, auch bestimmte Duft- sowie die Wachsdrüsen fehlen. Ihren Stachel benützt sie äußerst selten.

Auch die **Entstehung und Entwicklung** der Königin weist gegenüber den anderen Wesen Besonderheiten auf. Während Arbeitsbienen und Drohnen in sechseckigen Zellen heranwachsen, entwickelt sich die Köni-

Grundkenntnisse

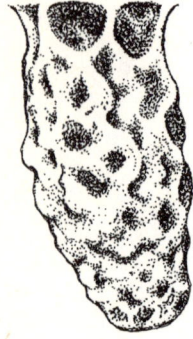 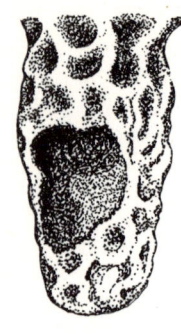

Königinnenzelle, links geschlossen, rechts ausgebissen

gin in einer anfangs runden Zelle, die eigens dafür von den Bienen geformt wird. Die Zelle wird im Laufe der Entwicklung nach unten hin längsoval ausgezogen und wegen ihres Aussehens auch Näpfchen oder Weiselbecher genannt (Abb. oben).
Während die Arbeiterinnen- und Drohnenpuppen alle waagrecht in ihren Zellen liegen, hängt die Königin als Puppe mit dem Kopf senkrecht zur Erdoberfläche.
Die drei Bienenwesen brauchen unterschiedlich lange für ihre Entwicklung. Obwohl die Königin das größte Tier ist, braucht sie am wenigsten Zeit, nämlich 16 Tage. Arbeitsbienen benötigen 21 und Drohnen 24 Tage für ihre Entwicklung, je nach Temperatur etwas mehr oder weniger (Abb. S. 14).
Je nach ihrer Entstehung lassen sich drei Arten von Königinnen unterscheiden:
Die **Nachschaffungskönigin** wird gezogen, wenn die alte Weisel plötzlich umgekommen ist, was z.B. bei unvorsichtiger Völkerdurchsicht vorkommen kann. Die Bienen bemerken schnell ihre Not und ziehen aus Stiften oder einer jüngeren Arbeiterinnenmade eine Königin. Dazu bauen sie die erwählte Zelle zu einer runden um und pflegen die Made königinnengemäß. Oft werden gleich zwei oder drei Weiseln nachgezogen.
Der Imker kann sich diese Tatsache zunutze machen, wenn er prüfen will, ob ein Volk weiselrichtig ist. Er hängt dem Volk, das vermutlich weisellos ist, da es keine offene Brut und Stifte hat, eine Wabe mit Stiften aus einem anderen Volk zu und wartet 1–2 Tage. Findet er dann eine »angeblasene« Weiselzelle, hat das Volk keine Königin. Falls er in solchen Situationen keine übrige Königin hat, das Volk aber erhalten will, kann er die Weisel heranwachsen lassen. Allerdings sollte er dann darauf achten, daß die Wabe, von der nachgeschaffen wird, von einem guten Volk stammt. Oft sind solche Königinnen aber »Notprodukte«, also nicht besonders leistungsfähig.

Oben links: Eine Biene saugt Nektar.
Oben rechts: Eine Biene beim Pollensammeln auf einer Blüte.
Unten: Eine Biene sterzelt am Flugloch.

Grundkenntnisse

Die Schwarmkönigin: Durch Schwärmen können sich die Bienenvölker vermehren. Kommt ein Volk in Schwarmstimmung, zieht es sich oft bis zu 20 Königinnenzellen nach. Meist sitzen diese seitlich an den Waben oder an den Unterteilen der Rähmchen. Sobald die erste Zelle gedeckelt ist, verläßt die alte Königin mit einem Teil der Bienen den Stock. Der Vorschwarm geht ab. Die neue Königin schlüpft nach ca. 8 Tagen. Sie gibt »Tüt«-Laute von sich. Auf diese antworten die noch verdeckelten Weiseln mit einem Quaken. Jetzt kann die neue Königin mit einem weiteren Teil Bienen schwärmen, so daß ein Nachschwarm entsteht, oder die anderen Weiseln ausbeißen. Die Güte der Schwarmköniginnen kann unterschiedlich sein.

Die Umweiselkönigin: Wird in einem Volk die Stockmutter alt und schwach, bleibt das den Bienen nicht verborgen. Sie bauen meist in der Mitte einer Wabe 1–2 Näpfchen, die ihre alte Königin bestiftet. Es gedeiht eine junge Weisel, während die alte ihre Aufgabe noch erfüllt. Die neue Königin wird nicht als Rivalin angesehen und nicht totgestochen. Sie kann ungehindert schlüpfen. Es können dann kurzzeitig zwei Königinnen in einem Volk sein. Wird nach ca. 5 Tagen die junge Königin begattungsfähig, fliegt sie, schönes Wetter vorausgesetzt, zum Hochzeitsflug. Kommt die junge Königin wieder, legt sie nach ca. 2 Tagen die ersten Eier, so daß sogar zwei Brutnester in einem Volke sind.

Über kurz oder lang zieht sich die alte Mutter zurück, und die junge Weisel bildet das Herz des Volkes. In seltenen Fällen können über längere Zeit zwei Königinnen in einem Volk leben, aber jeweils mit eigenem Brutbereich. Diese Art der Königinnenerneuerung nennt man stilles Umweiseln. Der Imker darf sich immer darüber freuen, denn die Bruttätigkeit muß nicht unterbrochen werden, das Volk bleibt stark und leistungsfähig, und meistens sind solche Königinnen die besten. Sie sind vom ganzen Volk gewollt und von Anfang an besonders gut gepflegt.

Was der Imker bedenken muß, ist, daß eine frisch geschlüpfte Königin nicht sogleich mit der Eiablage beginnen kann. Sie braucht erst 5–10 Tage, bis sie ausreift und in Hochzeitsstimmung kommt. In dieser Zeit unternimmt sie bei Temperaturen über 15 °C kleine Orientierungsflüge von 5–10 Minuten. Nur wenn das Wetter sonnig und warm ist, erhebt sie sich zu ihrem Hochzeitsflug, meist zwischen 12 und 17 Uhr, der ca. 20 bis 60 Minuten dauert. Sie fliegt direkt die Drohnensammelplätze an. Dort wird sie im freien hohen Flug von ca. 9 Drohnen begattet. Dabei erhält sie ca. 4–5 Millionen Samenzel-

Oben links: Bein einer Honigbiene mit Bürste
Oben rechts: Hinterbein einer Honigbiene mit Körbchen
Unten: Bienen am Flugloch

Grundkenntnisse

len, die in einem Samenbläschen deponiert werden. Die Samenzellen sind bis zu 5 Jahre befruchtungsfähig.

Die frisch begattete Königin kann nach 2–3 Tagen mit der Eiablage beginnen. Bevor sie eine geputzte Zelle bestiftet, tastet sie mit ihren Vorderbeinen Zellform und Zellgröße ab. In die größeren Drohnenzellen legt sie ein unbefruchtetes Ei, in die kleineren Arbeiterinnenzellen und Königinnenzellen ein befruchtetes. Dabei findet die Befruchtung während der Eiablage statt. Aus dem Samenbläschen werden Samenzellen freigesetzt, die in das Ei eindringen.

Bei bedecktem Himmel und stärkeren Winden ist keine Paarung möglich. Kann die Königin auf Grund schlechter Witterung aber 5–6 Wochen nach dem Schlüpfen nicht zum Hochzeitsflug, verliert sie ihre Paarungsfähigkeit und kann nur unbefruchtete Eier legen. Daraus entstehen lauter Drohnen, das Volk ist dann »drohnenbrütig«.

Die Drohnen

Sieht ein Anfänger einem Imker bei der Arbeit zu, kommt es meist vor, daß er freudestrahlend ausruft: »Da ist die Königin!« Aber der Imker erklärt ihm schmunzelnd, daß es »nur« ein Drohn ist. Der Laie hat jedoch nicht schlecht beobachtet, denn er bemerkte den Unterschied zu den Arbeitsbienen.

Der Drohn ist wie die Königin größer als eine Arbeitsbiene (Abb. S. 36). Auffallend sind seine großen Facettenaugen. Sein Hinterleib ist gedrungen, und die Flügel stehen darüber hinaus. Insgesamt macht er einen gutmütigen, wenn auch etwas plumpen oder gar phlegmatischen Eindruck. So kann er auch nur tiefe Brummtöne von sich geben, die den Anfänger leicht erschrecken lassen. Für den Menschen ist er insofern ganz angenehm, weil er weder Gift noch Stachel besitzt. Man kann ihn beruhigt anfassen und streicheln.

Die Drohnen sind die männlichen Geschlechtstiere und für die Begattung der Königin wichtig. Bemerkenswert ist, daß sie, obwohl sie selber keinen Vater haben, da sie aus unbefruchteten Eiern hervorgehen, gerade als Vater nötig sind. Man findet sie im allgemeinen von April bis September im Stock.

Da die Drohnen selber weder Pollen noch Nektar sammeln und sich nur an den Futtervorräten bedienen, werden sie oft als unnütze Fresser und Faulpelze angesehen, die sich nur mit der Königin vergnügen wollen, aber ganz so unnütze sind sie doch nicht. Außer zur Begattung sind die Drohnen zur Regulierung des Wärmehaushaltes wichtig. Wenn die Arbeitsbienen morgens, wenn es noch kühl ist, den Stock verlassen, um Wasser, Nektar oder Pollen zu holen, versammeln sich die Drohnen auf den Brutwaben, um die nötige Temperatur von 35–37 °C aufrechtzuerhalten. Erst wenn die Außentemperaturen den Wärmeverhältnissen im Stock

Grundkenntnisse

nicht mehr schädlich werden können, fliegen auch die Drohnen aus, und zwar nur an sonnigen Tagen, zwischen 13 und 17 Uhr.
Auch im Honigraum helfen die Drohnen, indem sie sich am Weiterreichen des Futters beteiligen.
Jedes Volk kann unterschiedlich viele Drohnen haben und aufziehen. Gerät ein Volk in Futternot, werfen die Arbeitsbienen die Drohnenlarven aus dem Stock oder zehren sie auf.
Drohnen sammeln sich an bestimmten Plätzen, den **Drohnensammelplätzen**. Der französische Imker Jean Probst hat sie erstmals 1958 beschrieben. Die Drohnensammelplätze sind jedes Jahr an der gleichen Stelle, bevorzugte Orte in der Luft mit einem Durchmesser von ca. 50–200 m, wo bis zu tausend Drohnen aus großer Entfernung auf das Eintreffen einer Königin warten, die sie an ihrem Geruch erkennen. Die Paarung findet in der durchsonnten Luft im freien Flug statt. Die Drohnen folgen der Königin oft in eine Höhe von über 15 m, und die besten Flieger kommen zur Begattung. Aber damit ist ihr Leben sogleich erfüllt, auf dem Höhepunkt ihres Daseins sterben sie. Der Drohn gibt also nicht nur seine Samenzellen, sondern zugleich sein Leben für den Fortbestand seiner Art.
Drohnen, die nicht in der Begattung ihre Erfüllung finden, erleben ebenfalls ein tragisches Schicksal. Denn kommt nach der blütenreichen Hochzeit der Natur die Zeit der Samen- und Fruchtreife, leben die Bienen auf den bevorstehenden Winter hin. Die Drohnen, die bisher überall freien Zutritt hatten und gar gefüttert wurden, werden von den Arbeitsbienen von den Waben und dem Futtervorrat gedrängt, gebissen, gezwickt, gestochen und aus dem Volk getrieben. Die Drohnenschlacht im Juli/August ist in vollem Gange. Vor den Fluglöchern kann man Drohnen beobachten, die bettelnd von Flugloch zu Flugloch ziehen, aber keinen Einlaß finden. Oft liegen viele verhungerte Drohnen vor den Fluglöchern – die für die Meisen willkommene Leckerbissen sind.
Für den Imker sind die toten Drohnen ein gutes Zeichen. Es besagt ihm, daß das Volk eine Königin hat und mit ihr zufrieden ist.

Die Arbeitsbienen

Im Sommer wie im Winter bilden die Arbeitsbienen den Hauptanteil des Volkes. Sie entwickeln sich aus einer befruchteten Eizelle, sind weiblichen Geschlechts, ihre Geschlechtsorgane sind jedoch stark zurückgebildet. Selbstlos setzen sie all ihre Kräfte für die Familie ein. Sie führen im Laufe ihres Lebens sehr unterschiedliche Tätigkeiten aus, wie das Schema auf S. 22 zeigt.
Ein Rhythmus von ca 3 x 21 Tagen prägt das Leben einer Arbeitsbiene im Sommer. So dauert die Entwicklung in der **Zelle** (vom Ei bis zur erwachsenen Biene) 21 Tage, das Leben als **Stockbiene** 21 Tage, sowie als **Flugbiene** in der Regel ca. 21 Tage.

Grundkenntnisse

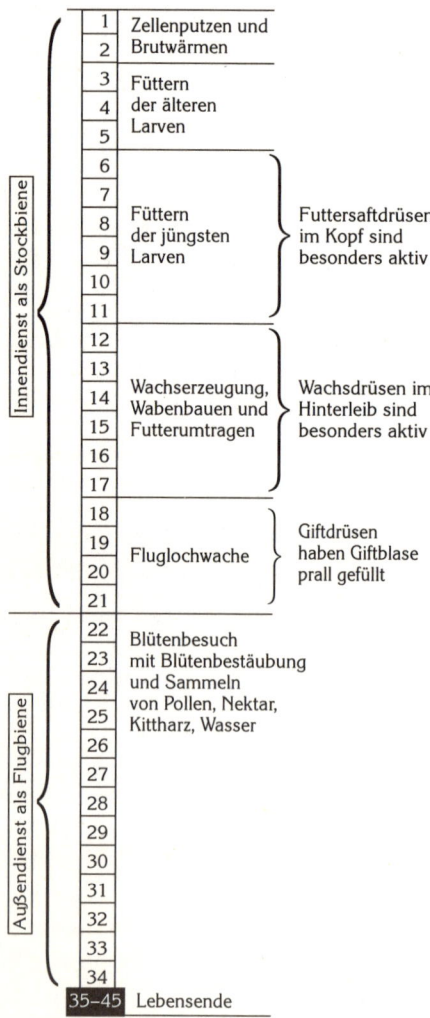

Lebenszeit einer Arbeitsbiene in Tagen

Es besteht eine altersabhängige Arbeitsteilung, aber diese kann entsprechend den Bedürfnissen des Volkes verändert werden. So können bei guten Trachtverhältnissen auch jüngere Stockbienen auf Trachtflug gehen, oder ältere Bienen können wieder Ammendienst aufnehmen, wenn Brut versorgt werden muß, weil Pflegebienen fehlen.

Schlüpft die noch kleine gräuliche Biene aus ihrer Zelle, beginnt sogleich ihre erste Tätigkeit im Stock. Sie **putzt** zunächst sich selber, dann ihre Wiege und die Zellen der Umgebung. Boden und Zellwände werden gereinigt und mit einem Drüsensekret ausgepinselt, so daß der Imker die Zellen glänzen sieht. In Putzpausen wärmt die Jungbiene die Brut, indem sie auf die Brutzellen sitzt.

Nach 2–3 Tagen ist die Putzarbeit vorbei, und die Zeit der **Brutpflege** beginnt. Die junge Ammenbiene füttert zuerst die schon ältere Brut mit Pollen und Honig aus den Stockvorräten. Sie selber verzehrt für den Eigenbedarf viel Blütenstaub. Dadurch bilden sich auch ihre Futtersaftdrüsen aus, und sie kann als ältere Ammenbiene die noch empfindlichen jüngsten Maden mit eiweißreicher Brutmilch, die mit den Futtersaftdrüsen gebildet wird, versorgen. Eine Ammenbiene kann nur 2–3 Larven aufziehen.

Neben dem Ammendienst unternimmt sie bei Sonnenschein in der Mittagszeit **Orientierungsflüge.** Dabei tanzt die Jungbiene, den Kopf zum Flugloch gerichtet, vor der Beute, wo-

Grundkenntnisse

bei sie sich in 5 Minuten die ganze Umgebung einprägen kann. Der Imker nennt das »Vorspiel«.

In der 2. Hälfte der Stockzeit, etwa nach 10 Tagen, fängt die **Bautätigkeit** an, die Bienen schwitzen feine durchsichtige Plättchen aus ihren Wachsdrüsen. Die Wachsdrüsen erreichen den Höhepunkt ihrer Tätigkeit erst, wenn sich die Futtersaftdrüsen zurückgebildet haben.

Weitere Arbeiten einer Stockbiene: Sie nimmt den heimkehrenden Flugbienen Pollen und Nektar ab, verteilt sie in die Zellen, stampft mit Kopf und Kiefern die lose in den Zellen liegenden Pollenhöschen fest, trägt Honig um und deckelt die reifen Honigvorräte. Weiter werden grober Schmutz und Abfälle wie Wachsreste, tote Bienen oder Wachsmotten aus dem Stock geschleppt. Bevor sie nach 21 Tagen in den Außendienst geht, schiebt sie mit ca. 18 Tagen **Wache** am Flugloch. Jede ankommende Biene wird geprüft, ob sie eine Schwester oder eine Räuberbiene ist, und durch ihren Geruch identifiziert. Fremde Bienen finden nur Einlaß, wenn sie sich einbetteln und Nektar mitbringen. Wespen und Hornissen, die rauben wollen, werden von den tapferen Wächtern vertrieben.

Die letzte Tätigkeit einer Biene ist das fleißige **Sammeln** außerhalb des Stockes. Der maximale Sammelradius eines Volkes beträgt 4–5 km, der normale 2 km. Kundschafterbienen suchen nach ergiebigen Trachtquellen. Sie zeigen ihren Schwestern durch bestimmte Tänze auf den Waben, wo, wie weit und wie ergiebig die Trachtquelle ist.

Beim Sammeln saugen die Bienen mit ihrem Rüssel Nektar aus den Blumenkelchen in ihren Honigmagen. Blütenstaub bürsten sie in das Körbchen an dem hintersten Beinpaar, auch Kittharz wird damit transportiert. Wasser wird im Honigmagen zum Stock gebracht.

Sommerbienen werden nur 5–6 Wochen alt. Winterbienen haben alle Kraft für den Aufbau des Körpers verwendet und nicht im Ammendienst verbraucht. Deswegen können sie 4–9 Monate alt werden. Eine Königin kann maximal 4–5 Jahre werden, in der Regel wird sie aber heute nur 2–3 Jahre genutzt, um immer eine voll leistungsfähige Königin zu haben.

Aber nicht die Königin allein bestimmt die Entwicklung und Leistung eines Volkes, sondern auch die Arbeitsbienen. Sie bestimmen durch die der Königin zugeteilte Futtermenge und die Zahl der geputzten Zellen, wie viele Stifte die Königin legen kann. Auch üben sie Einfluß darauf aus, ob Arbeitsbienen, Drohnen oder neue Königinnen gezogen werden.

Die Anatomie der Biene

Allgemeiner Bauplan

Besonders schön und harmonisch durchzieht das Motiv der Gliederung die äußere Gestalt der Biene. So läßt

Grundkenntnisse

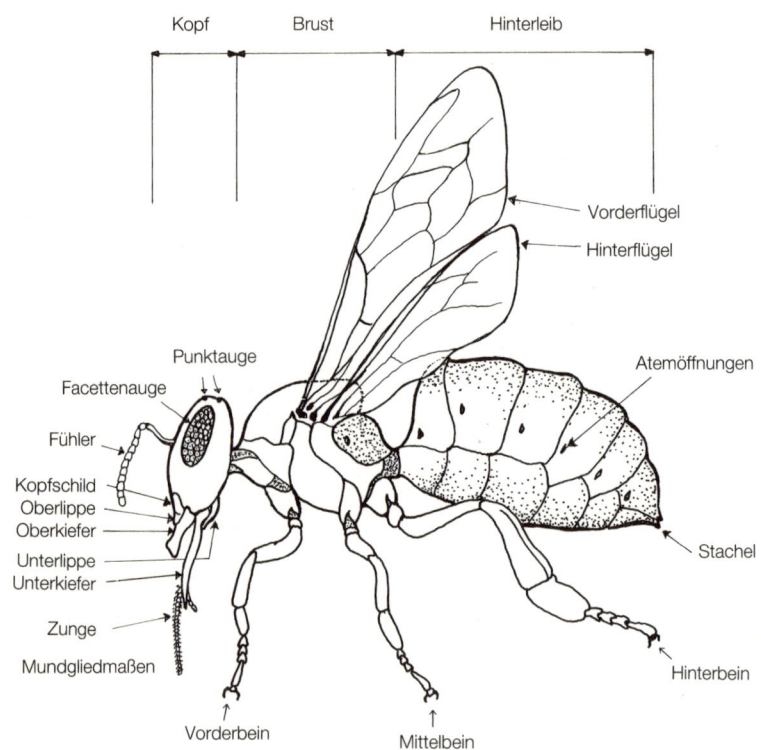

Allgemeiner Bauplan der Honigbiene

der Körperbau eine deutliche Dreigliedrigkeit erkennen, wie obige Abbildung zeigt. Kopf, Brust und Hinterleib stehen in einem ausgeglichenen Verhältnis zueinander.
Das Skelett: Die Insekten tragen ihr »Knochengerüst« nicht im Innern wie Mensch und Säugetiere, sie haben ein hautartiges Außenskelett aus Chitin, das behaart ist. Der Haarpelz besteht aus einem dicht anliegenden filzartigen Unterhaar und dem mehr oder weniger aufrecht stehenden Überhaar. Erstaunlicherweise vermag die Biene mit einem Großteil ihrer Haare Tastwahrnehmungen zu machen. Das Haarkleid ist je nach Standort und Gesundheitszustand unterschiedlich.
Der Kopf (Caput) besteht aus einer

Grundkenntnisse

flachen, dickwandigen Kapsel. Seine Form ist von vorne gesehen dreieckig, nur beim Drohn mehr rundlich. Er trägt Sinnesorgane wie Augen, Fühler und Taster, Mundwerkzeuge und lebenswichtige Drüsen. Man findet hier auch den wichtigsten Teil des Nervensystems, das Oberschlundganglion.

Die **Brust** (Thorax) trägt die zwei Flügel- und alle drei Beinpaare. Die Fortbewegung geht also von dieser Mitte aus. Muskel- und Atmungssystem konzentrieren sich in diesem Bereich.

Der **Hinterleib** (Abdomen) ist in neun Abschnitte oder Segmente gegliedert. Jeder Abschnitt besteht aus einer Rücken- und Bauchschuppe. Diese überlappen einander dachziegelartig, sind aber durch ein feingefaltetes Häutchen verbunden. Das ermöglicht, daß der Hinterleib sowohl in Längs- wie auch in Querrichtung dehnbar ist. Er kann aber auch nach jeder Richtung frei bewegt werden, da er durch einen kleinen Stiel mit der Brust verbunden ist. Die Bewegungsmuskeln für den Hinterleib sitzen unter der letzten Brustschuppe. Im Inneren birgt der Hinterleib Honigblase, Ventiltrichter, Mittel-, Dünn- und Enddarm, Harngefäße, Stachelapparat, Giftblase, Herz sowie Wachs- und Duftdrüsen (Abb. S. 30).

Der Kopf

Die Augen: Die Biene besitzt, wie alle Insekten, zwei Facettenaugen, die aus einer Vielzahl von Einzelaugen zu-

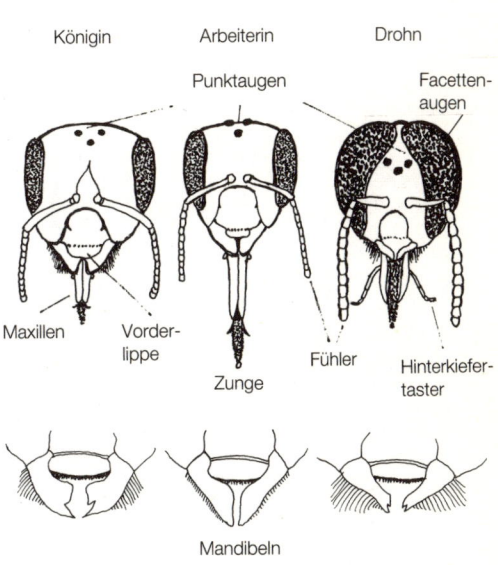

Kopf und Mundwerkzeuge der Biene

sammengesetzt sind, darüber hinaus aber auch noch Punktaugen. Letztere liegen bei der Arbeitsbiene oben am Kopf, während sie sich bei der Königin und den Drohnen mehr vorne befinden (Abb. S. 25). Die drei Punktaugen reagieren auf Helligkeitsunterschiede. Die Bienen sehen mit diesen auch das Licht, das von der heranwachsenden Weisel ausgeht und das das Schwärmen auslöst.

Die Facettenaugen dienen zum eigentlichen Sehen. Doch darf man nicht denken, daß die Bienen so sehen wie wir Menschen: Mit dem »Vielauge« können die Bie-

Grundkenntnisse

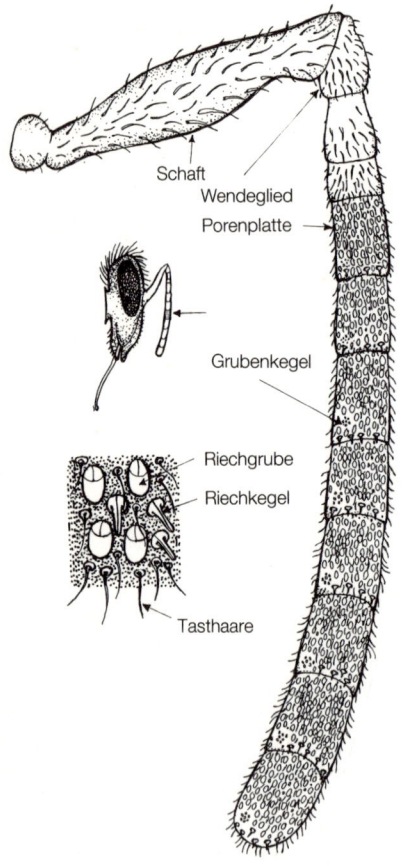

Aufbau des Bienenfühlers (Arbeiterin)

nen Wahrnehmungen auch in anderen Teilen des Lichtspektrums machen. Die Farbe Rot empfinden sie als schwarz oder dunkelgrau, Orange, Gelb und Grün als ähnlich. Innerhalb des für uns unsichtbaren Ultraviolettbereiches vermögen sie aber sehr viele Farbnuancen wahrzunehmen.
Der Imker kann ein Verfliegen vermeiden, wenn er die Vorderseiten seiner Bienenkästen mit den Farben Schwarz oder Rot, Blau, Gelb und Weiß bemalt.

Die Fühler: In der Mitte des Vorderkopfes sitzen die zwei Fühler. Bei der Arbeitsbiene und der Königin sind sie 11fach, beim Drohn 12fach gegliedert. Mit ihnen vermögen die Bienen zu tasten und Gerüche wahrzunehmen. Die Fühler sind also eine besondere Art von »Nasen«. Außerdem wird vermutet, daß sie noch Sinnesorgan für Wärme und Luftfeuchtigkeit sind. Die einzelnen Abschnitte eines Fühlers tragen als winzige Sinnesbereiche feine Härchen, deren Anzahl nach außen hin zunimmt. Bei den Arbeitsbienen sind es ca. 3000, beim Drohn sogar 15 000 Sinneshärchen/Glied. Von jedem dieser feinen Sinneshärchen geht ein Nerv zum Gehirn.
Für das Leben sowohl im dunklen Stockinnern wie auch im hellen Außenraum spielt der Geruchssinn die wichtigste Rolle. Am Geruch erkennen die Bienen ihr Volk, Wasser, Blüten und möglicherweise auch ihren Imker.
Man nimmt an, daß das Auge aus der Ferne, der Geruchssinn aus der Nähe leitet.

Die Mundwerkzeuge: Die Vorderkiefer, Mandibeln genannt, sind bei der Biene zangenförmig nach außen gerichtet. Sie sind neben der Zunge der

Grundkenntnisse

wichtigste Teil der äußeren Mundwerkzeuge. Schon beim Schlüpfen werden die Mundwerkzeuge zum Öffnen des Zelldeckels eingesetzt. Aber auch zur Aufnahme von Blütenstaub und Honig, zum Füttern der Larven, Verarbeiten von Wachs und Kittharz, Festhalten von Bienen oder Unrat sind sie unersetzlich. Mit ihnen können die Bienen sogar Papier, Weichfaserplatten und Styropor zernagen, nicht aber Früchte. Wenn eine Biene an glattwandigen Früchten saugt, dann nur an bereits verletzten, im Gegensatz zu den Wespen, die mit ihren schärferen Mundwerkzeugen auch unverletzte Früchte anfressen können.

Die Mandibeln sind bei den drei Bienenwesen verschieden ausgeprägt. Seltsamerweise haben nicht die Arbeitsbienen die stärksten und schärfsten Mandibeln, sondern die Königin. Bei den Drohnen sind sie am schwächsten ausgebildet.

Der Rüssel: Der Rüssel ist ein weiteres wichtiges Organ im Mundbereich. In Ruhe ist er nach hinten eingeschlagen, so daß man ihn nicht sehen kann. Zum Saugen und Lecken wird er herausgeklappt und in die flüssige Nahrung getaucht. Der Rüssel ist aus fünf Teilen zusammengesetzt, davon schließen sich vier zu einem luftdichten »Saug«-Röhrchen zusammen (Abb. oben). In der Mitte dieses Röhrchens liegt die Zunge, die über das Röhrchen hinausragt. Sie ist dicht behaart und nach allen Seiten beweglich. An der Spitze trägt sie noch ein

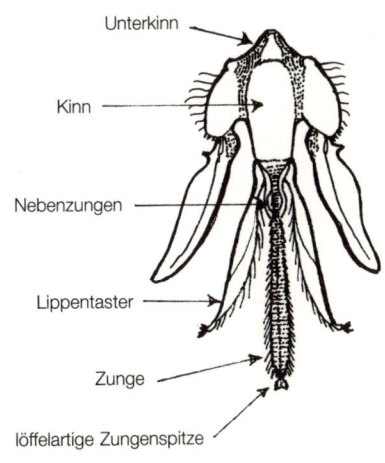

Rüsselsystem der Arbeitsbiene

feines »Löffelchen«. Die Biene kann so die kleinsten Nektarmengen zusammenpinseln und durch das Zurückziehen der Zunge in das Saugröhrchen bringen. Von dort wird es durch einen Pumpmechanismus der Mundhöhle aufgesogen und durch den Schlund an die Speiseröhre und den Kropf weitergeleitet.

Die Länge des Rüssels, die zwischen 5,6 und 7,1 mm schwankt, kann für die Nutzung einiger Trachten (Futterpflanzen) eine entscheidende Rolle spielen. So können nur Kaukasier- und einige Krainerstämme mit ihrem etwas längeren Rüssel den Nektar aus den langröhrigen Rotkleeblüten saugen.

Die Zunge hat im Inneren noch ein

Grundkenntnisse

feines Röhrchen, durch das sie Speichel an den Honig und festen Zuckerteig abgeben kann. Nur so kann die Biene den relativ zähen Honig (mit ca. 80% Zucker) geschmeidig machen und verdauen.

Mit den Mundteilen ist eine Geschmackswahrnehmung möglich, die Biene schmeckt jedoch anders als der Mensch. Für uns sehr bitter schmeckende Stoffe stören die Bienen kaum, auch für Zucker sind sie weniger empfindlich. Wir empfinden eine 2%ige Zuckerlösung bereits als süß. Die Biene interessiert sich aber nur für eine 4- und mehrprozentige Lösung, sie bevorzugt also höhere Konzentrationen (der Zuckergehalt des Nektars schwankt von 5–70%).

Die Speicheldrüse besteht aus fünf sich verzweigenden Ästen. Ein Ast liegt hinter dem Gehirn, die vier anderen zwischen der Flugmuskulatur der Brust. Die Absonderungen aller fünf Bereiche fließen in eine kleine Tasche oberhalb der Zunge. Von dort fließen sie innerhalb der Zunge in dem Röhrchen abwärts, um den Honig zu lösen. Es wird vermutet, daß die Sekrete auch für die Fettverdauung des Pollens eine Bedeutung haben und Zusatzstoffe zur Brutnahrung liefern. Die Speicheldrüse bildet auch die Substanz, mit der die Streckmade ihren Kokon spinnt.

Wie die Speicheldrüse eine Doppelfunktion erfüllt, so auch die **Futtersaftdrüsen:** Diese werden auch Schlund- und Unterschlunddrüsen genannt, da ihre Ausgänge im unteren Schlundbereich münden. Die Futtersaftdrüsen füllen während ihrer höchsten Entwicklung einen großen Teil des Kopfes zwischen Gehirn und Vorderkopfwand aus. Bei der Königin sind sie nur andeutungsweise vorhanden, beim Drohn fehlen sie. Mehrere hundert Drüsensäckchen sind an zwei langen Schläuchen aufgereiht. Während der Brutpflegetätigkeit der Jungbiene sind sie voll entwickelt. Die Ammenbienen bilden mit den Futtersaftdrüsen die Brutmilch für die jüngste Brut und die Königin. Die älteren Bienen sondern damit ein Ferment ab, das dem Nektar beigemengt wird und den Rohrzucker in Frucht- und Traubenzucker spaltet.

Die Brust

Durch einen schmalen Steg ist der Kopf mit der Brust beweglich verbunden.

Die **Flügel** sitzen seitlich am mittleren und hinteren Brustsegment. Sie sind häutig und von feinen Äderchen durchzogen. Die Art der Äderung dient dem Züchter als Rassemerkmal. Die Vorderflügel sind größer als die Hinterflügel. Im Flug werden beide über Häckchen zusammengehängt. Das zusammengesetzte Flügelpaar kann in der Sekunde bis zu 250 Schläge machen und bei Windstille eine Geschwindigkeit von ca. 29 km/h erreichen. Im Flug beschreibt die Flügelspitze eine achterförmige Schleife, wobei der Vorderrand des Flügels die Führung übernimmt. Be-

Grundkenntnisse

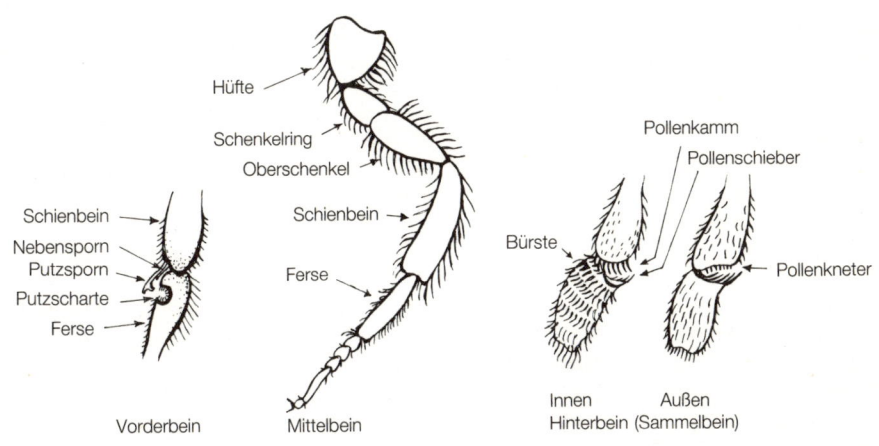

Die drei Beinpaare der Arbeiterin, von links: Ausschnitt Vorderbein, Mittelbein, Ausschnitt Hinterbein

findet sich die Biene in Ruhe, liegen die Flügel getrennt und leicht zusammengefaltet auf dem Rücken.
Die Beinpaare sind stark durchgliedert, alle drei Paare sind voneinander verschieden (Abb. oben). Jedes Bein besteht aus sechs Einzelsegmenten, die durch Gelenke beweglich miteinander verbunden sind, die Beine können so in verschiedenen Richtungen und in verschiedenen Winkeln bewegt werden.
Die Vorderbeine haben eine Putzscharte, auch »Taschentuch« genannt. Sie stellt eine tiefe kreisrunde Einkerbung dar, die mit kräftigen Borsten versehen ist. Ein Sporn knapp darüber dient als Widerlager. Durch die Scharten ziehen die Bienen nach jedem Blütenbesuch ihre Fühler, so daß Staub- oder Pollenkörner sich darin sammeln. Dies geschieht regelmäßig, auch wenn die Fühler, die ja zahlreiche Sinnesorgane tragen, nicht verunreinigt sind.
Die Mittelbeine sind am wenigsten spezialisiert. Sie dienen zum Gehen und helfen beim Abbürsten und Weiterreichen des am Körper anhaftenden Pollens. Außerdem können sie die Pollen- und Kittharzhöschen seitlich von außen fest ans Hinterbein drücken.
Die Hinterbeine sind am meisten durchformt und spezialisiert. Sie tragen besondere Sammelvorrichtungen: Bürste, Kamm, Schieber und Körbchen (Abb. S. 18). Die Bürste an der verbreiterten Ferse besteht aus etwa 10 Reihen steifer, schräg nach hinten gestellter Borsten. In diese

Grundkenntnisse

Bürste gelangt der Pollen, der vom Vorder- und Mittelbein abgestreift wird und auch der, den das Hinterbein selbst am Hinterleib abfegt. Dies kann man beobachten, wenn eine pollensammelnde Biene von der Blüte abhebt und kurz über der Blüte die beiden Hinterbeine gegeneinander bewegt. Dabei fährt der am Hinterrand der Schiene des einen Beines sitzende kräftige Kamm nach rückwärts durch die Bürste des anderen Beines, so daß der Pollen im Kamm ist. Die Ferse, die oberhalb der Bürste einen löffelartigen Ansatz mit nach oben gerichteten Zähnen hat, bewegt sich gegen die Schiene. Dabei preßt der Schieber den im Kamm angehäuften Pollen durch das Gelenk, so daß er von der Innenseite auf die Außenseite des Oberschenkels gelangt. Dort befindet sich das Körbchen. Dieses hält das wachsende Pollenhöschen, so daß es beim Flug haftenbleibt, im Stock aber gut abgelöst werden kann.

Der Hinterleib

Die Verdauungsorgane: So kompliziert die äußere Gestalt der Biene ist, so einfach scheint ihre innere Organisation zu sein (Abb. unten). Die **Speiseröhre** erstreckt sich vom Mund an der Unterseite des Kopfes bis in den Magen. Sie ist ein langer, enger Kanal, der sich durch Hals, Bruststück, Stiel und den vorderen Teil des Hinterleibes zieht. Dort mündet sie in die Honigblase.

Die Honigblase ist über den sogenannten Ventiltrichter mit dem Magen verbunden, der gleichzeitig Mitteldarm ist. An diesen schließt sich der Dünndarm an. Er ist ein enges Rohr und geht in einen sackartigen Enddarm mit einer Kotblase über. Die Kotblase mündet in den After, der zwischen dem Stachel und der letzten Rückenschuppe liegt.

Längsschnitt durch eine Biene

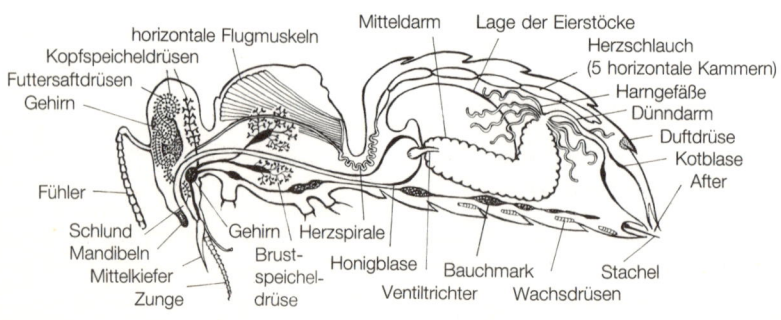

Grundkenntnisse

Die Honigblase, auch **Kropf** genannt, ist ein von Muskelfasern umgebenes, durchsichtiges, zähes Hautsäckchen, das in die Speiseröhre übergeht. Sie ist sehr dehnbar. Prall gefüllt ist sie etwa stecknadelkopfgroß und wiegt zwischen 40 und 70 mg. Daß die Biene ihre Honigblase voll hat, erkennt der Imker beim Anflug der Biene auf das Flugbrett an ihrem gesenkten Hinterleib. Ruhen sich die heimkehrenden Sammlerinnen aus, bevor sie ins Volk marschieren, weiß man, sie kommen aus reicher Tracht. Will man sich vergewissern, ob eine Biene Nektar oder Wasser bringt, legt man sie auf einen Fingernagel, drückt leicht auf den Hinterleib und leckt an dem aus dem Mund hervorgetretenen Tropfen (Nagelprobe).

In der Honigblase werden nicht nur Nektar, Honigtau und Wasser in das Volk transportiert, sondern auch »Kraftstoff« (Honig) für den Flug.

Der Ventiltrichter bildet den Übergang von der Honigblase zum Magen und Verdauungssystem. Er besteht aus einem von vier Kappen verschlossenen, in die Honigblase ragenden Doppelschnabel und aus in den Magen mündenden, dünnen Schläuchen. Er bewirkt, daß nur die Nahrungsmenge, die die Biene zur eigenen Ernährung benötigt, ins Verdauungssystem gelangt, nicht aber Bestandteile von diesem in den Honigmagen zurück können, so daß der Honig von jeglichen Verdauungsrückständen frei bleibt.

Der Mitteldarm ist schlauchförmig, erfüllt Magen- und Darmfunktion und dient zur Verdauung der Nahrung. Die Darmwand sondert Verdauungssäfte ab. Die Ringmuskeln des Mitteldarms ziehen ihn fortlaufend zusammen, so daß der Speisebrei durchmischt wird.

Die Nierenschläuche, auch **Malpighische Gefäße** genannt, ragen zwischen dem Mittel- und Dünndarm als dünne Schläuche in die Leibeshöhle. Sie ziehen sich durch die ganze Hinterleibshöhle und werden von der frei zirkulierenden Blutflüssigkeit umspült. Sie saugen Abbauprodukte des Stoffwechsels und Salze aus dem Blut und leiten diese in den Dünndarm und letztlich in den Enddarm ab.

Der Dünndarm saugt die aufgeschlossenen Nährstoffe aus dem Speisebrei heraus und gibt sie ins Blut ab.

Der Enddarm kann sich sehr stark ausdehnen und so eine große Menge unverdaulicher Rückstände aufnehmen. Dies ist vor allem im Winter nötig. Zuweilen kann die Kotblase den ganzen Raum des Hinterleibes erfüllen, so daß alle Organe eng zusammengedrückt werden. Eine gesunde Biene entleert nur im Freien ihre Kotblase.

Der Stachelapparat und **die Giftblase:** Auch der Stachel ist ein äußerst gegliedertes Gebilde, er besteht aus ca. 20 Teilen. Zwei spitz zulaufende Stechborsten sind an den Außenseiten mit Widerhaken versehen. In Ruhestellung ist der Stachel in der Stachelkammer des Hinterleibes ver-

Grundkenntnisse

senkt. Eine Giftblase zur Speicherung des Giftes und zwei Giftdrüsen befinden sich in unmittelbarer Nähe. Beim Stechen wird der Hinterleib plötzlich nach unten gebogen, so daß der Stachel aus der Stachelkammer gedrückt und die Spitze mit einem Ruck in den Gegner gebohrt wird. Dabei verankern sich die Widerhaken der Stechborsten. Fliegt die Biene in diesem Zustand weg, reißt sie sich Giftblase samt Giftdrüsen und Nervenknoten aus dem Leib und stirbt später an der Wunde. Der Stachel wird aber durch weitere Eigenbewegungen in die Wunde getrieben. Wird man gestochen, sollte man den Stachel sofort mit dem Daumennagel so abstreifen, daß der Giftinhalt nicht in die Haut gedrückt wird. Sticht eine Biene andere Insekten, kann sie den Stachel aus deren Chitinpanzer ziehen und bleibt am Leben. Der Stachel der Königin ist etwas länger als der der Arbeiterin, besitzt aber weniger Widerhaken an den Stechborsten. Die Drohnen haben keinen Stachel.

Die Wachsdrüsen: Die Bienen können ihre Baumaterialien selber erzeugen, sie haben Drüsen, aus denen sie Wachs schwitzen. Diese befinden sich paarweise an der Bauchseite der vier letzten Hinderleibssegmente und sind eigentlich nur spezialisierte Abschnitte von Hautzellen mit je 10 000 bis 20 000 Drüsenzellen, die im Baualter kräftig und voll entwickelt sind (Abb. oben). Sie werden von Wachsspiegeln auf ihrer Innenseite getragen.

Durch feine Poren der Wachsspiegel

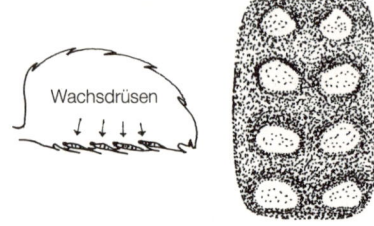

Schnitt durch den Hinterleib mit den Wachsdrüsen, in denen die Wachsplättchen (rechts) gebildet werden

wird das zuerst flüssige Wachs nach außen geschwitzt, zwischen den Wachsspiegeln und Schuppen erhärtet es zu einem durchsichtigen Plättchen. Es wird abgelöst und zwischen den Ringen herausgeschoben. Dann wird es mit den Hinterbeinen gefaßt, nach vorne zu den Kiefern gereicht und zu einem Klümpchen verknetet. Jetzt erst kann es in den Wabenbau eingefügt werden.

Die Duftdrüse, oder Nassanoff'sche Drüse, befindet sich zwischen der letzten und vorletzten Rückenschuppe auf der Oberseite des Hinterleibes. Sie ist nur bei den Arbeiterinnen ausgebildet. Sie sondern beim sogenannten **Sterzeln** feine Sekrete, Duftstoffe, ab, wobei sie mit erhobenem Hinterleib dastehen (Abb. S. 17).

Die melissenähnlich riechenden Duftstoffe erleichtern den »vorspielenden« Jungbienen bzw. heimkehrenden Flugbienen das Auffinden ihres Heimatstocks.

Grundkenntnisse

Herz und Blutkreislauf: Die Biene hat ein offenes Blutgefäßsystem mit nur einem Blutgefäß, dem Herz. Es besteht aus einem dünnen Rohr mit fünf hintereinanderliegenden Kammern im Hinterleib. Diese saugen die blasse Blutflüssigkeit aus der Umgebung an und lassen sie vom Rücken des ganzen Hinterleibes bis zum Kopf strömen. Im Kopf endet das Gefäß, so daß das Blut frei in den Körperraum ausstritt, um langsam in den Hinterleib zurückzuströmen. Dabei umfließt es alle inneren Organe und ernährt sie. Dies ist unten schematisch dargestellt.

Das Atmungssystem: Die Bienen haben ein Luft-Röhren-Kammer-System, das sich in alle Organe verzweigt und diese direkt mit Sauerstoff versorgt (Abb. rechts). Große Luftsäcke befinden sich im Kopf, in der Brust und im Hinterleib, zum Teil auch in den Beinen. Von diesen gehen ringförmig verlaufende Luftröhrchen (**Tracheen**) aus, die ein immer feiner werdendes Netz bilden, das alle Organe durchdringt. Zugleich hält dieses Netz verschiedene Organe schwebend in der Leibeshöhle, z.B. den Darm. Das Luft-Röhren-Kammer-System hat nach außen Öffnungen (**Stigmen**), die mit einem Haarkranz umgeben sind. Drei Paar Stigmen befinden sich seitlich an der Brust und sieben Paar am Hinterleib. Durch die Hinterleibsstigmen atmet die Biene nur ein, durch die Bruststigmen nur aus. Die Atmung wird durch den Hinterleib betrieben, der sich rhythmisch in Länge und Breite erweitert und verengt.

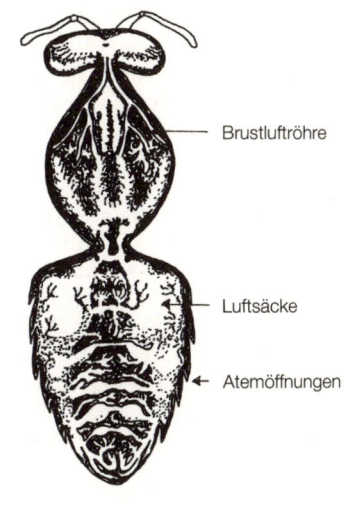

Das Atmungssystem der Biene

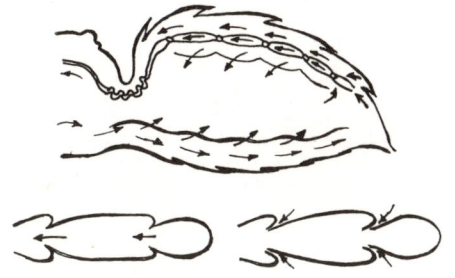

Der Blutkreislauf: unten links Druckstadium, rechts Ansaugstadium der Herzkammern

Grundkenntnisse

Das Nervensystem führt auch bei der Biene zu allen Sinnes- und Körperorganen sowie Drüsen. Die Nerven laufen in einem Zentralnervensystem zusammen, das aus dem Gehirn und dem strickleiterförmig angeordneten Bauchmark besteht.

Der Fettkörper: Wie viele andere Insekten besitzen auch die Bienen in ihrem Hinterleib ein besonderes Gewebe, das Fett und Eiweiß aufzuspeichern vermag. In den ersten Lebenswochen baut die Jungbiene einen Fett-Eiweiß-Körper auf, wozu sie viel Blütenstaub verzehren muß. Mit diesem Fett-Eiweiß-Körper ernährt sie auch die erste Brut im nächsten Frühjahr, die ja schon in der kalten Februarzeit angelegt wird.

Die Fortpflanzungsorgane sind bei den Arbeitsbienen verkümmert, können aber unter Umständen wieder funktionsfähig werden. Bei der Königin befinden sich die Eierstöcke in ihrem großen Hinterleib (Abb. unten). Sie sind birnenförmig und bestehen aus ca. 180 perlschnurartig aussehenden Eischläuchen. In ihnen wer-

Oben: Verdeckelte Brutwabe mit Honigkranz, Pollenkranz, verdeckelter Arbeiterinnenbrut sowie unten ein wenig Drohnenbrut
Unten links: Blick auf eine frisch bestiftete Wabe
Unten rechts: Blick auf eine offene Brutwabe im Rundmadenstadium

Geschlechtsorgane von Königin (links) und Drohn (rechts)

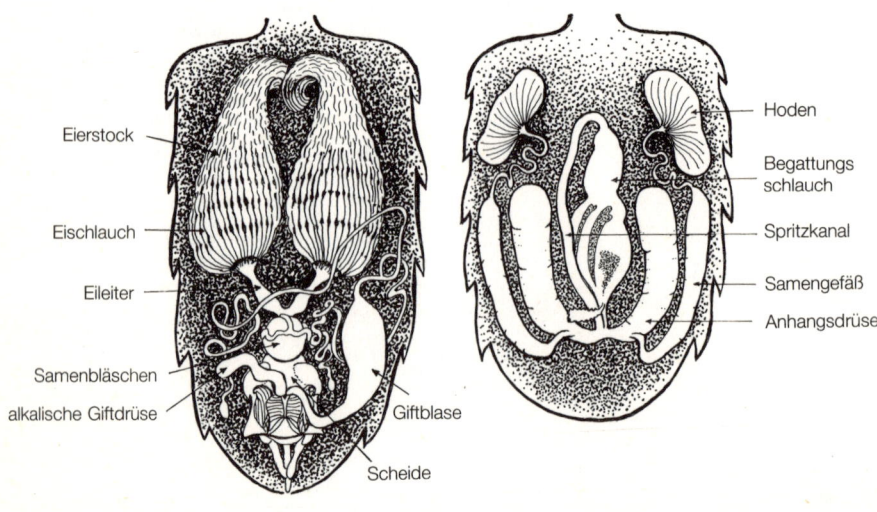

Grundkenntnisse

Oben links: Ein Drohn hängt auf einem Grashalm.
Oben rechts: Ein Drohn wird gerade von einer Arbeiterin gefüttert.
Unten links: Offene Weiselzelle kurz vorm Verdeckeln
Unten rechts: Eine gezeichnete Königin mit Arbeitsbienen

den die Keimzellen gebildet, aus denen sich die Eier entwickeln. Die Schläuche münden in die Eileiter, die in Scheide und Geschlechtsöffnung übergehen. Die rundliche **Samenblase**, in der die männlichen Samenfäden aufbewahrt werden, die die Königin bei der Begattung erhält, liegt über der Scheide. Beim Drohn liegen die **Hoden** seitlich vorne im Hinterleib. Beim geschlechtsreifen Drohn entwickeln sich dort die Samenfäden. Diese wandern über einen Samenleiter zu einem flaschenförmigen Samengefäß und werden dort bis zur Paarung gespeichert. Bei der Paarung verlieren die Drohnen ihre Geschlechtsorgane, was nach kurzer Frist den Tod zur Folge hat.

Die Arten der Biene

Jeder, der mit Tieren oder Pflanzen zu tun hat, weiß, daß es in jeder Gattung verschiedene Arten und davon wieder Rassen, Sorten bzw. Ökotypen gibt. Auch bei der Biene ist dies der Fall.
Unsere Honigbiene gehört zur Gattung *Apis*, die insgesamt nur 4 Arten umfaßt:
1. Die **Honigbiene** (*Apis mellifera*) war ursprünglich in Afrika, im Vorderen Orient und in Europa bis zum Ural beheimatet. Durch den Menschen wurde sie auch auf den amerikanischen Kontinent und nach Australien gebracht. Sie ist die heute am weitesten verbreitete Art, ein Höhlenbrüter mit mehrwabigem Bau. Die europäischen Rassen leben in enger Bindung an ihren Bau.
2. Die **Indische Biene** (*Apis cerana*) ist in Indien und Ostasien beheimatet und auch ein Höhlenbrüter. Sie neigt aber zu Wanderschwärmen.
3. Die **Riesenhonigbiene** (*Apis dorsata*) und
4. Die **Zwerghonigbiene** (*Apis florea*) sind beide in Indien beheimatet. Sie bauen nur eine freihängende Wabe. Bei ungünstigen Umweltverhältnissen neigen sie zum Wandern.
Alle vier Arten sind staatenbildend. Staatenbildende Bienen kommen bis Sibirien vor, obwohl ihr Leben und ihre Aktivität ganz der Sonne angepaßt ist und sie von ihrer Wärme abhängig sind. Nur wenige Tiergattungen haben eine solch große Verbreitung.

Die Rassen der Honigbiene

Die **Deutsche, Nordische** oder **Nigra-Biene** (*Apis mellifera mellifera*) ist eine relativ große Biene mit dunklem bis glänzendem Aussehen und etwas schütterer Behaarung des Hin-

Grundkenntnisse

terleibes. Sie ist mit der nordafrikanischen Biene eng verwandt. Ihre ursprüngliche Heimat war Spanien. Sie hat sich mittlerweile bis nach West-, Mittel- und Nordeuropa und über Nordrußland und Sibirien bis zum Stillen Ozean ausgedehnt, wird bei uns aber von der Carnica-Rasse verdrängt.

Die Frühjahrsentwicklung verläuft langsam, dafür hält im Sommer der Höchststand der Entwicklung lange an. Sie lebt in mittelgroßen Völkern und überwintert in relativ starken Einheiten. Die Schwarmneigung ist stark ausgeprägt, der Sitz auf den Waben unruhig und die Stechlust manchmal groß. Die auch als »Nigra« bekannt gewordene Biene ist für ihre Vitalität, Wetter- und Winterfestigkeit bekannt. In der Schweiz wird immer noch ein Stamm von ihr gezüchtet und erhalten. Sie ist auch die Biene der Lüneburger Heide, bei der das Schwärmen stark gefördert wurde. Bisweilen hat ein überwintertes Volk bis zu 6mal geschwärmt. Auch vom Vorschwarm fiel noch ein Schwarm, der Heidschwarm. Dafür ist die ausgeprägte Brutlust, auch den Sommer hindurch, Voraussetzung. Unsere früheren Landrassen waren Nigra-Bienen.

Die **Italiener Biene** (*Apis mellifera ligustica*) kann selbst der Laie an ihren ein bis drei gelben Hinterleibsringen erkennen. Das Gelb kann hell bis bräunlich sein. Die Körperbehaarung ist ebenfalls gelblich. Sie stammt von der Apenninenhalbinsel und hat derzeit in den USA und in klimatisch ähnlichen Gebieten Verbreitung gefunden. Ihre Frühjahrsentwicklung ist mittelprächtig, aber sie bewahrt den Sommer hindurch eine große Volksstärke. An das milde Mittelmeerklima angepaßt, kann das Brutgeschäft bis in den Winter hinein gehen. So überwintert die »Ligustica« in starken Völkern und braucht viel Futter. Ihre Schwarmlust ist gering, sie sitzt ruhig auf der Wabe und ist nicht stechlustig. Allerdings neigt sie zur Räuberei und zum Verfliegen. Im Frühjahr beginnt sie unter härteren Klimaverhältnissen verzögert mit der Entwicklung. In rauhen Gegenden gibt es oft Probleme bei der Überwinterung. Sie ist an lang anhaltende Trachten mit mildem Winter angepaßt.

Die **Kärntner** oder **Krainer Biene** (*Apis mellifera carnica*) hat einen dunklen Panzer, dichte Behaarung und breite graue Filzbinden. Ihre Heimatgebiete sind die Südostalpen, der Nordbalkan und der Donauraum. Ihre Frühjahrsentwicklung verläuft rasch, läßt aber schon im Frühsommer nach.

Sie überwintert in schwachen Kolonien und hat eine geringe Zehrung. Manchmal zeigt sie große Schwarmlust, vor allem bei nicht durchgezüchteten Stämmen. Sie paßt ihr Brutgeschäft den Wetterverhältnissen an. Ihr Wabensitz und ihre Sanftmut kommen den Liebhabern entgegen. Nach dem Zweiten Weltkrieg fand die »Carnica« eine starke Verbreitung in Deutschland. Ihre frühe Volksentwicklung macht sie zu einer ausgesprochenen Frühtrachtbiene. Seitens der Forschung und der Imkervertretun-

Einstieg

gen wird derzeit die Carnica als geeignete Rasse empfohlen.

Der Vollständigkeit halber seien noch weitere Unterformen der Honigbiene angeführt: Die ebenfalls graue **Kaukasische Biene** (*Apis mellifera caucasica*) stammt aus dem Kaukasus, ist im Gebiet der ehemaligen UdSSR verbreitet und auch in Mitteleuropa eingeführt. Sie ist sehr anpassungsfähig und an große Witterungsgegensätze, wie sie im kontinentalen Klima vorkommen, gewöhnt. Bei uns überwintert sie allerdings schlecht.

Die **Griechische Biene** (*Apis mellifera cecropia*) lebt in Griechenland und in großen Teilen Südosteuropas. Auffallend ist ihre überdurchschnittliche Fruchtbarkeit bei meist geschlossenen Brutflächen.

Eine **Kunstrasse** ist die von Bruder Adam (1969) durch Kreuzung verschiedener Bienenrassen in Südengland entstandene **Buckfastbiene**. Sie ist brutfreudig, die Frühjahrsentwicklung läuft langsam an, aber das Brutgeschäft geht bis zum Herbst. Schwarmträgheit, Wabenfestigkeit und Sanftmut sind besonders ausgeprägt. Ihre Neigung zur Räuberei und der Hang zum Verfliegen müssen als nachteilig angesehen werden. Für Frühtrachtimker ist sie weniger geeignet. Auch braucht sie höhere Temperaturen für Trachtflüge als unsere Carnica.

Selbstverständlich gibt es außerhalb Europas noch weitere Bienenrassen, auf die aber nicht eingegangen werden soll. Nur eine zoologische Merkwürdigkeit bei der südafrikanischen **Kapbiene** sei noch erwähnt. Diese Bienen vermögen bei Weisellosigkeit aus unbefruchteten Eiern eine »Zwischenkönigin« zu ziehen, die begattungsfähig wird und aus deren befruchteten Eiern Vollweiseln entstehen.

Der Einstieg

Allgemeine Voraussetzungen

In früheren Zeiten wurde das Wissen über Bienen in Mysterienstätten und später in den Zünften geheimgehalten. Bienen durften nur von bestimmten Menschen betreut werden. Durch einen Bewußtseinswandel im vorigen Jahrhundert und den technischen Fortschritt hat jeder Mensch mehr Zeit und Freiheit. So hat jeder Bürger der BRD das *Recht*, Bienen zu halten, soviel er will. Wer erwägt, Imker zu werden, sollte jedoch prüfen, ob er die

Einstieg

nötigen Voraussetzungen dazu erfüllen kann.
Es versteht sich von selbst, daß das liebevolle **Interesse** an der Honigbiene die wichtigste Grundlage der Imkerei überhaupt ist. Wenn Interesse und der **Wille zur Naturbeobachtung** bereits vorhanden sind, ist es schon halb geschafft! Allerdings nur halb. Sicherlich kann ein Bienenvolk sehr faszinieren. Das darf aber nicht dazu führen, daß ohne geringste Vorkenntnis und ohne erfahrenen Imker drauflosgewurstelt wird. Einige Grundkenntnisse und Gesetze müssen zuvor angeeignet werden. Wenn wir richtig imkern wollen, müssen wir uns nach den Gesetzen der Bienen richten und nicht umgekehrt.
Ein Anfänger muß unbedingt wissen, daß jedes Bienenvolk eine Individualität ist und individuell behandelt werden will. Das bringt mit sich, daß jedes Volk auf dieselben Maßnahmen völlig anders reagieren kann. Was in einem Jahr für ein Volk richtig war, kann im folgenden geradezu falsch sein. Aber das macht die Imkerei ja so spannend, man steht immer wieder vor Überraschungen. Um dann das Richtige tun zu können, braucht es **innere Ruhe**, eine **gute Beobachtungsgabe** und **Einfühlungsvermögen**. Oftmals kann man nur aus einem plötzlichen Einfall heraus richtig handeln. Das sind dann die Glücksmomente, in denen man merkt, wie einem jetzt »die Idee« kommt. Darin liegt ein besonderer Reiz.
Was auch »reizvoll« sein kann im Umgang mit Bienen, sind Bienenstiche. Jeder, der Bienen halten möchte, sollte wissen, ob er gegen Bienengift allergisch ist. Eine Allergie liegt dann vor, wenn nach einem Stich nicht nur die gestochene Stelle Reaktionen zeigt, sondern auch eine andere Körperstelle: wenn z.B. nach einem Stich ins Bein der Hals zuschwillt. Liegt jedoch eine Allergie vor, muß das kein Grund sein, sich von den Bienen zu distanzieren. Unter ärztlicher Aufsicht kann die Allergie gegen Bienen mit Bienengift geheilt werden.
Weitere Voraussetzungen für eine kleine Imkerei sind: ein **geeigneter Standplatz** zum Aufstellen der Bienen, eine **Behausung** für die Bienen, sofern kein geräumiges Bienenhaus vorhanden ist, ein **kleiner Lagerraum** für Geräte und Zubehör und **handwerkliches Geschick,** das Kosten einspart.

Der geeignete Standort

Noch bevor der neue Imker sein erstes Volk kauft oder seinen ersten Schwarm fängt, sollte er überlegen, wo er die Bienen am besten aufstellt. Dabei sind nicht nur die Wünsche des Bienenhalters zu berücksichtigen wie: möglichst nahe am Wohnort, leicht zugänglich, mit dem Pkw erreichbar, sondern auch die der Bienen. Lehrt doch die Erfahrung, daß ein guter Standort viele Krankheiten gar nicht erst aufkommen läßt. Günstige Standorte sind oftmals im Außenbereich zu

Einstieg

finden, doch sollte die Nähe viel befahrener Straßen und Autobahnen gemieden werden, da durch die hohe Fahrgeschwindigkeit die Luft in Wirbel versetzt wird und die Flugbienen so umkommen können.

In Wohnbereichen eignen sich größere Gärten und Obstanlagen, nur ist dann unbedingt darauf zu achten, daß die Nachbarn nicht gestört werden bzw. sich gestört fühlen. Deswegen sollte man die Bienen immer etwas versteckt aufstellen. Zudem ist es ratsam, eine hohe Hecke oder einen hohen Zaun an der Grenze zum Nachbargrundstück zu planen, damit die Bienen gleich hoch abfliegen und so nicht Nachbarn oder Passanten begegnen müssen.

Es gibt kaum Vorschriften für die Bienenhaltung. Meist sind Bienen auch ortsüblich, so hat z.B. Berlin die größte Bienendichte pro ha. Aber es sollte ein Abstand zum Nachbargrundstück eingehalten werden. Oft gibt es dazu von Gemeinde zu Gemeinde unterschiedliche Beschlüsse. Es ist also ratsam, sich bei der jeweiligen Behörde zu informieren.

In Gärten mit einer Größe von 4–5 Ar mit Bäumen und Sträuchern können gut 3–4 Völker aufgestellt werden. Es ist ein nicht zu unterschätzender Vorteil, die Bienen nahe am Haus zu haben. Sie können besser beobachtet werden, außerdem sind die nötigen Geräte nicht weit zu transportieren. In Gärten mit einer Größe von 1–2 Ar an Reihenhäusern oder Hochhäusern empfiehlt sich keine Bienenhaltung, da viele Menschen Angst vor Bienen haben.

Will man für seine neuen Schützlinge einen »idealen« Standort, stellt man sie am besten in einen alten Steinbruch, auf Ödland oder an einen entlegenen Waldrand. Meist gibt es da kaum Schwierigkeiten mit den Grundstücksbesitzern. Gemeinden und Forstbehörden verpachten oftmals zu einem sehr niedrigen Pachtzins, wenn nicht gar kostenlos. Was bei der Aufstellung im einzelnen noch beachtet werden sollte, sei in Stichpunkten aufgeführt:

– Die Flugfront nach Südosten ausgerichtet sorgt für geeignete Temperaturen im Stock. Zuviel Hitze des Mittags kann zu frühen Bruten und häufigem Schwärmen führen.
– Der beste Untergrund ist ein trockener Hang – zu viel Feuchtigkeit begünstigt Krankheiten.
– Der Standort sollte außerdem einigermaßen windgeschützt sein, damit die Bienen auch mit Lasten problemlos starten und landen können.
– Der Weg zur Tracht sollte nicht allzu weit sein: Auf einer Blumenwiese am Waldrand etwa herrschen optimale Bedingungen.

Die Biene und ihre Behausung

Wo bringe ich die Bienen unter, ist die nächste Frage des Jungimkers. Und diese Frage ist in vieler Hinsicht von

Einstieg

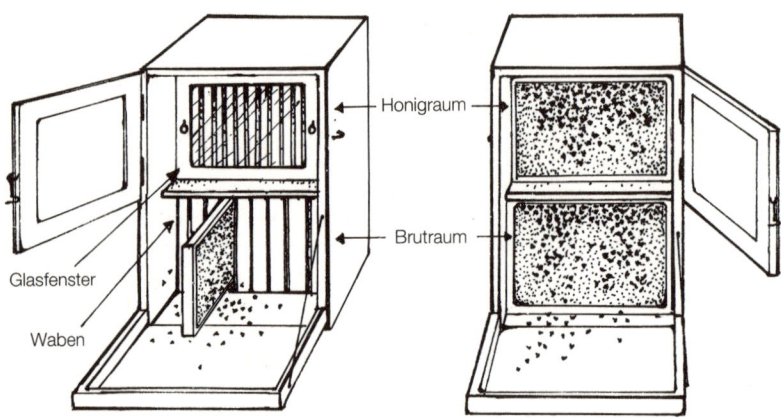

Hinterbehandlungsbeuten, links im Kalt- oder Längsbau, rechts im Warm- oder Querbau

Bedeutung, weil alle weiteren Maßnahmen, die Betriebsweise und das Zubehör von der Art der Behausung abhängig sind. Sehr verschieden waren in der Vergangenheit die Haltungsformen der Bienen:
Tonröhren, Stroh-, Schilf-, Ruten- oder Binsenkörbe, Holzklötze oder hohle Bäume dienten ihrer Unterbringung. Darin errichteten die Bienen ihre herzförmigen Waben im freien Bau.
Seit im 19. Jahrhundert das mobile Rähmchen erfunden wurde, werden die Imkerei und der Bau der Beuten – also der Gehäuse, die als Bienenwohnung dienen – dadurch bestimmt. Von nun an wurde ein besserer Einblick in das Geschehen im Bienenvolk möglich. Eingriffe wie Waben umhängen und vertauschen, Mittelwände vorgeben und ähnliches mehr konnten vorgenommen werden. Bald trat die Frage der optimalen Anordnung der Waben auf: Was ist besser – Warmbau oder Kaltbau?
Beim **Warmbau** stehen die Waben parallel zur Flugfront, im **Kaltbau** längs, also senkrecht zur Flugfront. Im Naturbau (Strohkorb) stehen sie weder im Warm- noch im Kaltbau, sondern schräg zum Flugloch.
Eine weitere große Streitfrage war lange Zeit in der Imkerei auch, welches der beste Beutentyp sei. Einige plädierten sogar dafür, daß jede Gegend ihre eigene Beutenform und -größe brauche. So waren die Imker in der Erfindung von Bienenwohnungen individuell wie ihre Völker. Nur einige noch gebräuchliche seien erwähnt. Sie lassen sich nach der Art ihrer Öffnung in **Hinterbehandlungs-** und **Oberbehandlungsbeuten** unter-

Einstieg

scheiden. Die bekannten Strohkörbe der Heideimker waren nur von unten zugänglich.

Die Hinterbehandlungsbeute

Sie ist noch verbreitet, aber zusehends im Abnehmen begriffen.
a) Im Warmbau (z.B. Badischer Kasten)
Die Völker lassen sich gezielt erweitern und einengen. Allerdings ist von Nachteil, daß der Raum begrenzt ist und dadurch die Volksgröße. So ist ein Schwärmen eher möglich.
Wie der Name besagt, wird das Volk von hinten geöffnet (Abb. S. 42). Meist muß dazu ein Türchen angebracht sein. Innen sind 2 oder 3 Etagen mit Waben übereinander, der Brutraum unten und der Honigraum oben. Dazwischen muß die Möglichkeit einer Abtrennung gegeben sein: Eine Auflageschiene für Deckbrettchen oder das Absperrgitter. Das Absperrgitter besteht aus Metall, Holz oder Plastik mit einem Abstand zwischen den einzelnen Stäben von 4,2 mm, so daß nur Arbeitsbienen hindurch können. Die Königin soll ausgesperrt werden, damit sie Honigwaben nicht bestiften kann. Die zwei Bereiche werden an der Rückseite mit je einem Fensterchen abgeschlossen. Durch diese kann der Imker am Baurahmen sehen, ob das Volk in Schwarmstimmung ist oder nicht.
Die Waben hängen auf Metallschienen. Das Entnehmen oder Zuhängen der Waben geschieht mit einer Zange. Jede Wabe muß einzeln gezogen und auf einen bereitstehenden Wabenbock gehängt werden.
b) Im Kaltbau (z.B. Brauns-Blätterbeute)
Nach Entnahme des Fensterchens hat der Imker alle Waben vor sich, gleich den Seiten eines Buches (Abb. S. 42). Die Waben stehen auf Rosten, für den Abstand untereinander sorgen die in dem Kasten angebrachten Abstandsrechen. Nach der Entnahme von ein oder zwei Waben lassen sich alle übrigen leicht kontrollieren.
Die Fütterung erfolgt in beiden Systemen mittels eingebauter Seitentröge oder durch Anhängen von Futtergeschirren an die Fenster.

Die Auszugsbeute

Dieser Typ stellt eine Kombination zwischen Hinterbehandlungsbeute und Oberbehandlungsbeute dar (z.B. Martins-Auszugsbeute; System Neu-Württemberg).
Die Auszugsbeute ist ähnlich der oben beschriebenen Hinterbehandlungsbeute im Warmbau, nur sind die Metallschienen, auf denen die Waben hängen, mit einem passenden Griff auf einen anhängbaren Kasten ausziehbar. Die Durchsicht kann dann bequem von oben erfolgen. Nach Beendigung der Durchsicht können alle Waben auf einmal wieder zurückgeschoben werden. In geräumigen Drei-Etagern läßt sich, gute Pflege der Schienen vorausgesetzt, ohne großen Kraftaufwand imkern.

Einstieg

Vor- und Nachteile der Hinterbehandlungsbeuten:
Vorteile:
- Die Beuten kann man zwei- oder dreireihig stapeln,
- der Raumbedarf ist relativ gering,
- die Bienen sind leichter warmzuhalten,
- der Futterbedarf im Winter ist geringer,
- die Bearbeitung ist kraftsparend, Wanderung ist einfach.

Nachteile:
- Ein Bienenhaus ist erforderlich,
- die Bearbeitung ist zeitaufwendig,
- der Raum ist begrenzt,
- die Schwarmgefahr größer,
- die Anschaffung sehr teuer,
- Selbstfertigung schwer möglich,
- viel lose Teile und Zubehör sind erforderlich.

Oberbehandlungsbeuten

Die **Trogbeute** besitzt unten nur einen großen Brutraum, wobei die Waben im Warmbau stehen. Es wird nach hinten erweitert bzw. nach vorne eingeengt. Nach Bedarf können darüber ein oder mehrere Honigräume aufgesetzt werden. Oft wird dieser nur mit kleinen Rähmchen oder Dickwaben (siehe S. 48) ausgestattet. Dabei ist nachteilig, daß keine Brut- und Honigwaben ausgetauscht werden können. Da die Honigräume in der Regel nicht den ganzen unteren Raum abdecken, kann jederzeit am Brutraum hantiert werden, ohne daß der Honigraum abgenommen werden muß. Für die Bearbeitung ist also wenig Kraft erforderlich. Bei großen Unterteilen können in demselben Kasten, durch Trennwände geschüzt, Jungvölker untergebracht werden, wenn die Beute noch einen extra Ausgang hat. Dadurch wird Platz gespart, zudem sind Wärmeverluste geringer.

Das Magazin: Die Magazinbetriebsweise wurde schon mit Strohkörben praktiziert, allerdings bestand das Problem mit den Rähmchen in dem runden Gehäuse. Während jedoch in der Mitte des 19. Jahrhunderts im deutschsprachigen Raum die Hinterbehandlungsbeuten Verbreitung fanden, hat der amerikanische Pastor Langstroth die erste Oberbehandlungsbeute mit beweglichen Rähmchen gebaut. Von Amerika aus hat die Magazinbetriebsweise dann ihren Siegeszug um die Welt angetreten und findet auch bei uns mehr und mehr Anhänger. Erwerbsimkereien sind ohne diese Haltungsform nicht mehr zu denken, da die Völkerführung bei relativ geringem Zeitaufwand möglich ist.

Die **Bestandteile** eines Magazines:
Zu einem Magazin gehören pro Volk 3–5 einzelne Magazine, auch Zargen genannt. Dies sind rechteckige Kästen, in die die Waben quer oder längs gehängt werden. Die Größe einer Zarge richtet sich nach der Rähmchengröße und der Anzahl der Waben. Es gibt Magazine mit 8 bis 11 Waben (im Zander- oder Deutsch Normal-Maß, S. 48). Von Magazinen, die nur 8 Waben fassen, ist abzuraten, da man

Einstieg

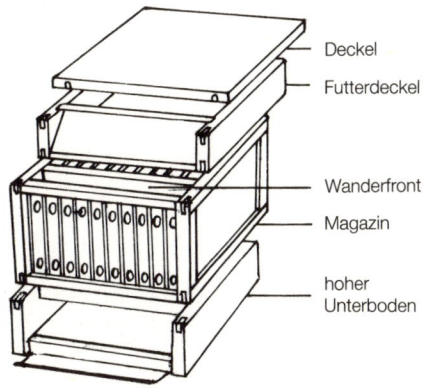

Die Einzelteile der Magazinbeuten

Ein **Deckel** schließt die Magazine ab. Er soll gut isoliert sein, damit die nach oben steigende Wärme nicht entweichen kann, aber auch vor zu starker Erwärmung im Sommer schützen. Deckel aus Blech werden im Sommer für Bienen und Imker zu heiß.
Durch eine **Plastikfolie**, die auf die Rähmchen des obersten Magazines gelegt wird, werden Wärmeverluste gemindert.
Der **Unterboden** sollte hoch sein und einen ausziehbaren Zwischenboden zur Varroakontrolle haben (Varroa-Milbe = wichtiger Bienenschädling).
Fluglochverschlußkeile aus Hartholz sind vom Spätsommer bis zum Frühjahr nötig, um Mäuse und räubernde Bienen abzuhalten.
Futtervorrichtungen sind verschiedene im Gebrauch:
– Ein extra Futterdeckel, der zwischen Deckel und oberstes Magazin kommt,
– ein Deckel, der für Futtergeschirre Platz bietet,
– Fütterung mittels einer Schnabelflasche aus Plastik, die ins Flugloch gesteckt werden kann.
Als Beispiel für ein Magazin sei die Hohenheimer Wanderbeute angeführt, um das Prinzip optisch zu verdeutlichen (Abb. S. 45). Die Magazine haben keinen Falz, sind aber vorne mit Haken bzw. Schienen versehen, mit denen sich das untere Teil in der Oberseite des darunterliegenden Magazines befestigen läßt. Auf der Rückseite ist ein Schlößchen angebracht,

im Sommer beim Erweitern, also Aufsetzen mehrerer Zargen, bald einen hohen Turm hat, was das Bearbeiten und die Stabilität erschwert. Außerdem schimmeln im Winter häufig die äußersten Waben, so daß man die Bienen in der unteren Zarge nur auf 6 Waben überwintern kann.
Elf Waben pro Magazin sind viel, wer aber kräftig ist und einen gesunden Rücken hat, kann auch diese etwas ungewöhnliche Größe wählen. Im Handel sind Zehner-Magazine am verbreitetsten.
Das Magazin kann oben und unten einen Falz haben oder glatt sein. Falzlose Magazine sind einfacher und billiger in der Herstellung, was der Eigenfertigung entgegenkommt. Bei der Wanderung ist aber eine kräftige Sicherung vonnöten, da sonst die Magazine verrutschen.

Einstieg

mit dem die einzelnen Magazine zusammengeschlossen werden können. Zudem kann vorne ein Kippbock angebracht werden, auf den man die oberen Magazine zur Bearbeitung abkippen kann. Dies erleichtert die Arbeit sehr.

Die Magazine haben vorne eine 6–7 cm breite Wanderfront, quasi einen Vorraum, der die Luftzufuhr bei der Wanderung verbessert und den Bienen Möglichkeit zum Auslauf bietet. Dies ist bei großer Wärmeentwicklung von Vorteil. Beim Bearbeiten der Völker kann die Wanderfront bequem zum Abstellen der ersten Wabe benützt werden, ohne daß Bienen »ins Gras beißen« müssen.

Zu diesem System gehört ein Futterdeckel; es kann aber auch durch das Flugloch mit einem Ballon gefüttert werden.

Das **Material,** aus dem die Magazine hergestellt sind, ist von Bedeutung. Gebräuchlich sind Hartschaumstoff, Holz und Stroh. Hartschaumstoff hat den Vorteil, daß er wenig wiegt, aber es entsteht im Volk Schwitzwasser, wodurch im Winter die äußeren Waben schimmeln. Auch haben die Magazine eine relativ kurze Lebensdauer; das Material kann von Bienen, Vögeln, Mäusen und Ameisen angenagt werden und Wachsmotten Unterschlupf bieten. Auch durch Unvorsichtigkeiten des Imkers kann es leicht Schaden erleiden. Zudem können giftige Dämpfe frei werden.

Holz läßt dagegen eine vielseitige Verarbeitung zu. Es wird in einer Stärke von 25 mm verwendet. Am besten hat sich das leichte und poröse Weymouthkiefernholz bewährt. Es läßt Luft- und Feuchtigkeitsaustausch gut zu. Das Volk kann nach allen Seiten atmen, so daß den Bienen die richtige Klimatisierung des Innenraumes erleichtert wird. Allerdings darf kein porenschließender Schutzanstrich alles dicht machen.

Ein weiterer Vorteil dieses Holzes ist, daß es sich nicht so schnell verzieht wie andere Holzarten. Oft wird auch Fichtenholz mit Erfolg zum Beutenbau verwendet.

Ein alter Baustoff, der wieder neu entdeckt wird, ist **Roggenstroh.** Die Strohwände sind etwa 5 cm dick, durch Holzleisten stabilisiert und mit einem Kuhmist-Ton-Anstrich versehen. Solche Magazine können in Selbstfertigung preisgünstig angefertigt werden. Vielerorts werden Kurse dazu angeboten. Die Isolation funktioniert so gut, daß sich kein Kondenswasser bildet und immer angenehme Wärme im Volk ist. Zudem isoliert das Stroh im Winter vorzüglich. Allerdings können Spechte die Beute beschädigen. Deswegen müssen sie im Winter in einen Bienenschauer (S. 50) gebracht oder durch andere Schutzvorrichtungen gesichert werden.

Vor- und Nachteile der Magazine

Da Magazine nicht stapelfähig sind, ist ein großer Standraum nötig, aber es ist kein Bienenhaus erforderlich.

Einstieg

Zudem fällt wenig loses Zubehör an. Die Leermagazine können im Winter als Lager für Leerwaben dienen. Allerdings ist ein Raum zur Aufbewahrung der Leermagazine nötig. Ein Vorteil ist, daß Magazine leicht selbst gebaut werden können.

Als nachteilig kann gelten, daß bei Magazinen ohne Kippvorrichtungen das Abnehmen der einzelnen Zargen viel Kraft erfordert. Da die Beute insgesamt nur wenig isoliert ist, ist der Futterverbrauch im Winter relativ hoch.

Dem steht gegenüber, daß die Betriebsweise im Magazin im Vergleich zu Hinterbehandlungsbeuten sehr vereinfacht und weniger zeitaufwendig ist. Viele Maßnahmen wie Völkerdurchsicht, Erweitern, Vereinigen, Schwärme einschlagen und Füttern können schnell durchgeführt werden. Ein Volk kann beliebig durch Aufsetzen von Zargen erweitert werden.

Die einfache Handhabung darf den Anfänger jedoch nicht dazu verleiten, täglich die Völker durchzusehen oder sich gar zu viele Völker zuzulegen. Denn die Gefahr bei der Magazinbetriebsweise ist, daß die Imkerei schnell so große Ausmaße annimmt, daß die individuelle Betreuung der Völker verlorengeht.

Das Rähmchen

Einen entscheidenden Einfluß auf die Gestaltung einer Bienenwohnung mit Mobilbau (mit beweglichen Rähmchen) hatte die Entdeckung des Ame-

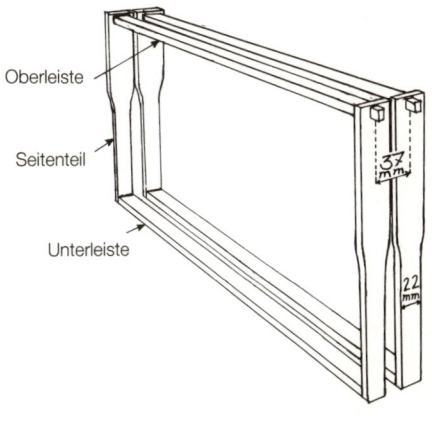

Rähmchen mit Abstandsregelung nach Hoffmann

rikaners Langstroth (1810–1895). Er benützte bereits bewegliche Rähmchen in Oberbehandlung und entdeckte ein Gesetz: Wenn zwischen Beutenwand und Rähmchen sowohl an den Seitenteilen als auch an den Rähmchenoberteilen und Deckbrettchen ein Abstand von 6–10 mm besteht, erfolgt dort weder eine Verkittung mit Kittharz noch Wabenbau. Die Rähmchen bleiben dann beweglich. So wurde im Kasten der Abstand zwischen den Rähmchen und den Seiten 7 mm gewählt. Eine Biene hat dazwischen gut Platz.

Das Rähmchen besteht aus vier Holzleisten, die ein Rechteck bilden, in das die Bienen ihre Waben bauen (Abb. oben). Die beliebtesten Maße sind in

Einstieg

Deutschland **Zander** (42 x 22 cm, 924 cm² Fläche) und **Deutsch-Normal** (37 x 22,3 cm, 825 cm² Fläche). Im Ausland sind **Dadant** (43,5 x 30 cm) und **Langstroth** (44,8 x 23,2 cm) im Zunehmen begriffen.
Als **Material** werden 8–10 mm starke, je nach Ausführung 20–25 mm breite Holzleisten aus astreiner Kiefer, Fichte, Linde, Erle oder Pappel verwendet. Bei größeren Rähmchenmaßen wie Zander werden die Seitenteile aus Hartholz, z.B. Buche, angefertigt, um die Stabilität zu erhöhen. Auch Drohnenrahmen werden besser aus Hartholz hergestellt.
Die vier Leisten werden zusammengeleimt und genagelt. Es gibt dazu Vorrichtungen, die die Arbeit erleichtern und einen rechten Winkel ermöglichen.
Wichtig an einem Rähmchen ist die **Abstandsregelung**. Zwischen den Rähmchen muß ein bestimmter Abstand sein: von Wabenmitte zu Wabenmitte 35 mm. Die Abstandsregelung nach Hoffmann hat sich am meisten bewährt: Die Seitenteile der Rähmchenschenkel sind nach oben verbreitert (Abb. S. 47).

Die Mittelwand

Das Rähmchen wird gedrahtet und eine Mittelwand eingelötet. Auf ihr sind Arbeiterinnenzellböden in einer flachen Tafel aus Bienenwachs vorgegeben. Die Bienen orientieren sich daran und bauen die Zellwände selber auf.

Rechte Seite: Der Aufbau der Zellen: unten Längsschnitt, Mitte Drohnenzellen, oben Arbeiterinnenzellen im Querschnitt

Die Wabe

Im Rähmchen mit der Mittelwand bauen die Bienen eine Wabe mit sechseckigen Zellen. In diesen wird die Brut herangezogen, aber auch Vorräte wie Honig und Blütenstaub gelagert.
Bei Systemen mit sehr hohen Brutwaben gibt es auch **Dickwaben:** Diese sind nur halb so hoch, aber doppelt so breit wie Brutwaben. Da die Zellen damit doppelt so tief sind wie Brutzellen, werden sie nicht von der Königin bestiftet. Somit erübrigt sich ein Absperrgitter.
Im Naturbau bauen die Bienen herzförmige Waben. Die Drohnenbrut wird im untersten Wabenbereich, unterhalb der Arbeiterinnenbrut, angelegt. Demgemäß ist auch oft bei der Magazinhaltung an den Rähmchen des untersten Magazins Drohnenbau zu finden. Der Imker will aber keine Waben, auf denen Arbeiterinnen- und Drohnenzellen sind. Deswegen hängt er als 2. Randwabe rechts und links ein leeres Rähmchen ohne Draht, vielleicht mit einem Anfangsstreifen Drohnenbau, der mit Wachs befestigt ist, in die Völker. Auf diesen werden dann Drohnen herangezogen. Die Drohnenrahmen können stabiler sein als normale Rähmchen. Sie werden besonders gekennzeichnet, da sie in der Magazinbetriebsweise als erste

Einstieg

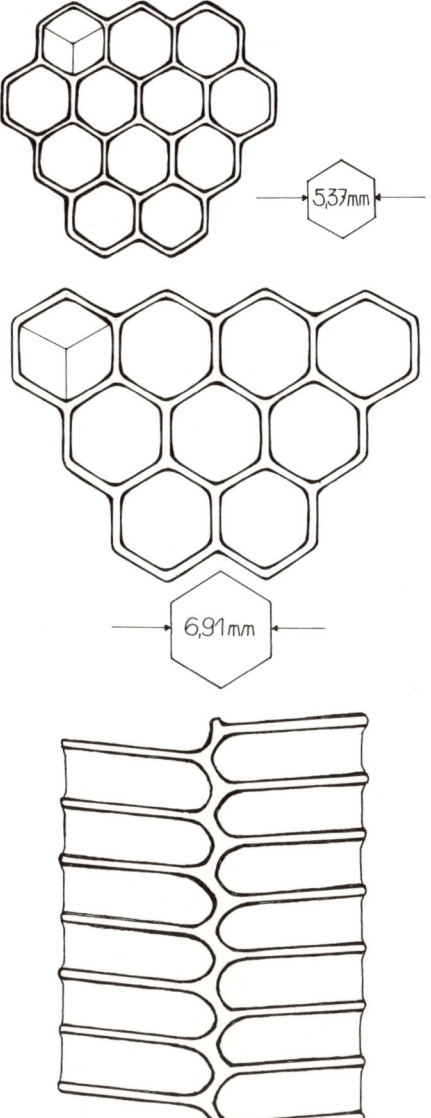

gezogen werden und aus diesem Grund größeren Belastungen ausgesetzt sind.

Im Juli/August nimmt man die Drohnenrahmen wieder aus dem Volk und schmilzt das Wachs ein. Manche Imker schneiden bei jeder Völkerdurchsicht den Drohnenbau aus, um einen Teil der Varroamilbe, die sich bevorzugt dort aufhält, zu eliminieren, sowie um Wachs zu gewinnen.

Drohnenzellen unterscheiden sich von Arbeiterinnenzellen nur durch ihre Größe. So haben die Arbeiterinnenzellen im Durchmesser nach allen Seiten im Mittel 5,37 mm und die Drohnenzellen 6,91 mm. Die Zellen stehen alle mit 4–5° nach oben geneigt. Auch die Tiefe der Zellen ist verschieden. Arbeiterinnen- und Drohnenzellen sind 10–12 mm tief, Honigzellen oft bis zu 27–37 mm und Weiselzellen 20–25 mm. Letztere können nur einmal bebrütet werden. So ergibt sich eine Zellenform von geraden sechsseitigen Prismen. Sie sind durch drei viereckige, rautenförmige Bodenflächen abgeschlossen, der stumpfe Winkel dieser Flächen schließt sich zu einer dreiseitigen Pyramidenspitze zusammen. Jede Wand- und Bodenfläche ist zugleich Trennwand zwischen zwei Zellen. Der Raum ist optimal genützt. So werden bei geringstem Materialaufwand gleichzeitig hervorragende Stabilität und geringe Wärmeleitfähigkeit erzielt. Auf der nebenstehenden Abbildung sind die Zellenform und Zellengröße zu sehen.

Einstieg

Bienenhaus, Freiaufstellung, Bienenschauer

Das gute alte **Bienenhaus** verliert durch die moderne Betriebsweise immer mehr an Bedeutung. Für Imker mit Hinterbehandlungskästen und Standortimker, also Imker, die nicht wandern, bietet es aber viele Vorteile: Die Völker können auf engem Raum zweireihig übereinander gestapelt werden. Die untere Reihe wird dann im Sitzen, die obere im Stehen bearbeitet. Die Beuten sind nicht so sehr der Witterung ausgesetzt und länger haltbar. Auch ist die Gefahr der Räuberei bei der Bearbeitung im Spätsommer geringer. Im Winter sind die Bienen besser vor der Kälte geschützt.

Das Bienenhaus soll hell und geräumig sein und als Arbeits- und Lagerraum dienen. Wenn ein Bienenhaus von einem älteren Imker übernommen werden kann, ist das sicher von Nutzen. Von dem Bau eines neuen ist dem Anfänger abzuraten. Wenn es nicht im Eigenbau erstellt werden kann, ist ein enormer Kapitalbedarf nötig, für 12–20 Völker zur Zeit ca. 7000 DM. Auch sollte man dann ein eigenes Grundstück haben. In Baden-Württemberg sind im Außenbereich für 20 gehaltene Völker nur 15 m^2 überbaute Fläche zulässig. Ein Bienenhaus wird aber nur genehmigt, wenn der Antragsteller Fachkenntnisse in der Bienenhaltung nachweisen kann.

Die **Aufstellung im Freien**, bevorzugt am Waldrand, ist bei den Magazinbeuten wegen der Behandlung von oben üblich. Gelockerte Aufstellung ist empfehlenswert: z.B. in Zweier-Gruppen mit so viel Platz zwischen den Gruppen, daß jedes Volk von drei Seiten zugänglich ist. Die Unterlage aus einem Holzbalkengerüst, Paletten oder ähnlichem sollte so hoch sein, daß die Völker auf drei Magazinen bequem im Stehen bearbeitet werden können. Gut ist, wenn ein Anflugbrett für die schwerbeladen heimkehrenden Bienen nicht am Unterboden des Magazins befestigt, sondern fester Bestandteil der Unterlage ist. Als Abdeckung genügen im Sommer Bitumen-Wellplatten, die mit Steinen beschwert werden, für die Wintermonate ist jedoch eine feste, wärmedämmende Abdeckung nötig.

Vorteile der Freiaufstellung: Sie ist einfach, preisgünstig, auffliegende Bienen stören wenig. Auch muß das Grundstück nicht eigen sein. Als Nachteil kann gelten, daß die Zehrung im Winter größer ist, die Lebensdauer der Magazine trotz witterungsbeständigem Anstrich (der bienenfreundlich sein muß) nur ca. 15 Jahre beträgt. Außerdem ist zusätzlich ein Abstell- bzw. kleiner Lagerraum erforderlich.

Die **Bienenschauer** ist eine praktische Zwischenlösung zwischen Bienenhaus und Freiaufstellung. Er ist besonders für die Oberbehandlungsbeuten geschaffen worden. Eine Überdachung ist mit dem Erdboden verbunden. Die Vorderseite ist mit

Einstieg

Brettern, die Zwischenräume haben, gefertigt, die Rückseite durch Türchen zu öffnen. Die Völker stehen auf Holzbänken. Die Beuten sind besser vor Witterungseinflüssen geschützt und länger haltbar. Auch für den Imker kann ein Dach über dem Kopf Vorteile bringen. Im Sommer spendet es Schatten, und er kann auch bei Regenwetter an den Völkern arbeiten, was aber nur in Ausnahmen geschehen sollte.

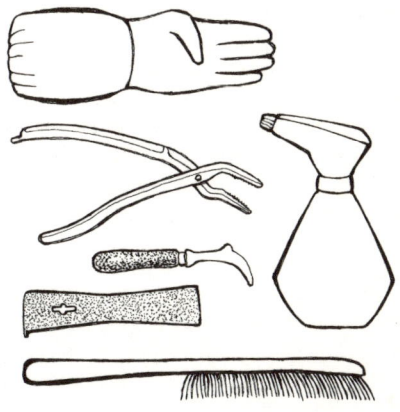

Das Handwerkszeug des Imkers (von oben): Imkerhandschuhe mit langer Stulpe, Wabenzange, Rähmchenheber, Stockmeißel und Abkehrbesen, rechts Wasserzerstäuber

Das Handwerkszeug des Imkers

Zur Grundausrüstung eines Imkers gehört ein Gerät zur Raucherzeugung: eine Pfeife oder ein Smoker.
Die **Dathe-Pfeife** wird mit den Zähnen im Mund gehalten (siehe Abb. S. 71). Durch Blasen kann gezielt Richtung und Stärke des Rauches beeinflußt werden. Von großem Vorteil ist, daß die Hände zum Arbeiten frei sind. Allerdings muß die Pfeife nach jedem Volk neu gefüllt werden. Manche Imker empfinden es als störend, ständig die Pfeife im Mund halten zu müssen. Wichtig ist, daß die Pfeife nach Gebrauch geleert und gesäubert wird. Glänzende Messingteile an der Pfeife sind für Bienen attraktiv und werden angeflogen. Die Pfeife hat sich bei Arbeiten in Bienenhäusern und bei Hinterbehandlungsbeuten gut bewährt.
Bei der Magazinbetriebsweise wird oft der **Smoker**, ein handbetriebenes Rauchgerät, eingesetzt. Er hat einen Blecheinsatz, in den das Brennmaterial kommt, das angezündet wird. Durch Bewegung des Blasebalges wird die nötige Luft zugeführt. Dafür muß jedesmal die Bearbeitung am Volk unterbrochen werden. Von Nachteil ist, daß die Stärke des Rauches nicht so gut geregelt werden kann.
Als Brennmaterial für beide Geräte eignen sich Eierpappschachteln, getrocknete Fichtennadeln, Torf, trocknes morsches Holz, getrockneter Apfeltrester, Rainfarn oder Nußbaumblätter.
Unentbehrlich oft auch für langjährige Imker ist der **Schleier.** Er schützt Kopf und Gesicht vor Stichen. Ein

Einstieg

schwarzer durchsichtiger Visiereinsatz erleichtert das Sehen. Am häufigsten findet man den Schlüpfschleier, der aus einem Hut mit breitem Rand besteht, so daß der darüber gestülpte Schleier einen großen Abstand vom Gesicht hat. Mit Gummizügen wird er über die Schultern gezogen.

Der **Imkeranzug** besteht aus festem, weißem Baumwollstoff und hat vorne einen Reißverschluß zum »Einsteigen«. Die Ärmel- und Hosenbeinbünde sind durch Gummizüge bienendicht. Wer sich keinen Imkeranzug leisten will, kann in heller Kleidung zu seinen Bienen. Die Hosenbeine werden dann am besten in die Socken gesteckt. Zu allem gibt es noch **Imkerhandschuhe**, die aus weichem Leder mit Stutzen aus Stoff hergestellt sind und durch einen Gummizug eng anliegen. Zwar wird gerade der Anfänger aus Furcht vor Stichen dazu geneigt sein, Handschuhe zu tragen, aber er sollte sich auf keinen Fall daran gewöhnen. Die Handschuhe ermöglichen keinen so gefühlvollen Umgang, was die Bienen erst zum Stechen reizt. Man gewöhnt sich zum gegenseitigen Leid nur allzu schnell an den groben Umgang mit seinen »Schützlingen«. Manche Imker reiben aber ihre Hände mit **Nelkenöl** ein. Die Bienen gehen wie magisch weg. Ein paar Tropfen genügen schon.

Ein weiterer nötiger Gebrauchsgegenstand ist der **Stockmeißel**. Er dient zum Lockern der verkitteten Magazine und Waben, aber auch zum Abkratzen von Kittharz und Wachsteilen an den Rähmchen. Mit einem **Besen** können die Bienen bei Bedarf von der Wabe gefegt werden. Er sollte auf keinen Fall steife Kunststoffborsten, sondern weiches Roßhaar haben. Wer die Möglichkeit hat, an eine große Gänsefeder heranzukommen, kann dieses bienenfreundliche und preiswerte »Kehrgerät« verwenden.

Es empfiehlt sich für den Imker, einen kleinen Werkzeugkasten einzurichten, in dem alle nötigen Utensilien ihren Platz haben:

Feuer, Pfeife oder Smoker, Brennmaterial, Handschuhe, Stockmeißel, Besen oder Gänsefeder, aber auch Hammer, Nägelchen, Schere und ein Schraubenzieher. Zudem ist oft ein **Handzerstäuber** für Wasser hilfreich. Durch das zerstäubte Wasser beruhigen sich die Bienen. Ein Wasserkanister mit Lappen und Handtuch sollte nie fehlen, um verkleckerten Honig oder Zuckerwasser aufwischen zu können. Auch zum Waschen von klebrigen Händen kann es sehr angenehm sein.

Erwähnt sei noch, daß es Imkereifachgeschäfte gibt, in denen alle Artikel, die mit der Imkerei zusammenhängen, erhältlich sind. Meist sind sie im Umkreis von 50 km zu finden. Dort kann man meist auch Tips bei speziellen Fragestellungen oder für neue Bearbeitungsmethoden erhalten.

Oben: Verschiedene Bienenkörbe aus Stroh
Unten: Ein Bienenhaus mit Hinterbehandlungsbeuten

Einstieg

Die Anschaffung der Völker

Mit wieviel Völkern soll ich anfangen, ist eine erste Frage von interessierten Laien. Es ist nicht schwer einzusehen, daß ein Anfänger nicht mit zuvielen Völkern beginnen sollte, denn für den Imker wie für die Bienen ist es am besten, wenn sie sich langsam aneinander gewöhnen. Deshalb fängt man am besten mit 2–5 Völkern, Ablegern oder Schwärmen an. Ein Volk ist zu wenig, da Gefahr besteht, daß es vom neugierigen und besorgten Jungimker zu oft nachgeschaut wird. Es gibt nichts Schlimmeres für ein Bienenvolk, als ständig auseinandergerissen zu werden. Die innere Harmonie wird gestört, und viele Bienen, wenn nicht gar die Königin, gehen verloren. Um aber einen Vergleich zwischen den Völkern und auch sicher ein gutes darunter zu haben, empfiehlt sich die obengenannte Anzahl. Selbst im Falle einer Erbschaft ist ein Anfänger mit mehr als 8 Völkern vollkommen überfordert. Er kann dann schnell die Freude verlieren und sich von der Imkerei distanzieren. Schade!

Wie komme ich zu Bienen, ist eine weitere Frage, da nicht jeder das Glück hat, Bienen samt Zubehör günstig übernehmen zu können. Meistens müssen Völker, Ableger oder Schwärme käuflich erworben werden.

Ein Schwarm ist ein ganz guter Anfang, die Bienen bauen schön, sind friedlich, fleißig und brauchen wenig Pflege. Oft weiseln sie still um und werden im nächsten Jahr erstklassige Völker.

Heutzutage ist es jedoch nicht ganz so einfach, an Schwärme zu kommen. Zuweilen schenken aber liebe Imkerkollegen Anfängern einen solchen. Mancherorts kann man seine Anschrift bei der Feuerwehr hinterlegen, die einen benachrichtigt, wenn sie einen Schwarm eingefangen hat. Glückspilze finden unter Umständen einen herrenlosen Schwarm. Nach dem bürgerlichen Gesetzbuch darf der Erstfinder einen Schwarm fangen und behalten, falls dieser nicht vom ursprünglichen Besitzer verfolgt wird. Wer Bienen kaufen möchte, kann in Imkerzeitschriften Angebote finden. Es sollten nur gesunde und seuchenfreie Völker erstanden werden, am besten wird ein Bienensachverständiger hinzugezogen. Es sollten keine Völker gekauft werden, die aus einem Gebiet kommen, in dem in den letzten Jahren Faulbrut (S. 93) auftrat.

Ist man im Besitz von Bienen, müssen diese auf dem Rathaus gemeldet werden. Was für spätere Zeiten eventuell wichtig ist: Wer mehr als 20 Bienenvölker hat, gilt als Nebenerwerbsimker. Für ihn gelten dann andere Steuer- und Versicherungsregeln.

Oben links: Blick in einen geöffneten Ablegerkasten
Oben rechts: Natürlicher Wabenbau in einem Bienenkorb
Unten: Magazinbeuten in Freilandaufstellung

Die Arbeiten am Bienenvolk

Die Völkerdurchsicht

Der Zeitpunkt

Wann sollte eine Durchsicht erfolgen? Diese Frage kann allgemein mit der goldenen **Imkerregel** beantwortet werden: Nur bei sonnigem Wetter, Temperaturen über 15 °C und nicht bei starken Winden! Auch ist gut, wenn ein Teil der Bienen auf Trachtflügen ist. Außerdem soll man die Bienen bei Regen und Gewitterneigung in Ruhe lassen, ebenso in der heißen Mittagszeit im Sommer.

Die **Vorbereitung** für die Völkerdurchsicht: Bienen mögen keine Fremdgerüche. Schweiß, Parfüm oder stark riechendes Rasierwasser reizen sie zum Stechen. Außerdem fliegen sie auf glänzende Gegenstände. Deswegen sollten Schmuck und Uhren zur Bearbeitung abgelegt werden. Ganz wichtig ist, daß konzentriert, ohne Angst, zügig und doch in Ruhe gearbeitet wird. Der Imker darf auf keinen Fall Hektik verbreiten, auch nicht bei einem Stich. Alle Geräte wie Stockmeißel, Wabenzange, Besen, Wasserflasche, Wabenbock oder Leermagazin sollten bereitgestellt werden. Auch wenn man keine Angst hat und die Ruhe in Person ist, sollte ein Volk nie ohne Rauch geöffnet werden! Selbst nur einem kurzen Blick ins Innere sollte ein kleiner Rauchstoß vorausgehen. Die Bienen weichen vor dem Rauch zurück und saugen sich voll Honig. Dadurch wird der Hinterleib dick und das Stechen erschwert.

Am Volk: Unter Rauchgaben wird ein Volk behutsam geöffnet, die äußere Wabe oder der Drohnenrahmen gezogen und auf den Wabenbock, in die Wanderfront oder ein bereitstehendes Leermagazin gehängt. Danach werden die anderen Waben mit dem Stockmeißel etwas gelockert und nacheinander begutachtet. Die Bienen sind ständig mit dem Rauch unter Kontrolle zu halten. Wichtig ist, daß alle Waben wieder so zurückgehängt werden, wie sie waren, um die Störung und Unordnung möglichst klein zu halten.

Bei der Durchsicht ist auf folgendes zu achten:

- Ist das Volk weiselrichtig? Sind Stifte, Maden und gedeckelte Brut vorhanden? Wieviel? Ein weiselloses Volk ist an seinem »Heulen« zu erkennen.
- Wie stark ist das Volk? Wie viele Waben belegt es? Muß es erweitert werden oder eingeengt?
- Kommt es in Schwarmstimmung (im Mai/Juni wichtig)?
- Wie ist die Versorgung mit Blütenstaub und Honig?
- Muß ich zufüttern, eine Pollen- oder

Arbeiten am Volk

Honigwabe von einem anderen Volk einhängen, oder hat es gute Tracht, und der Bedarf kann von außen gedeckt werden?
- Alle Punkte sollten kurz auf einer Stockkarte, die jedes Volk haben sollte, vermerkt werden. Auch Hinweise über den Volkscharakter, die Stechlust, den Wabensitz, die Neigung zum Kitten und den Honigertrag sind wichtig. Die Stockkarten sind käuflich, können aber auch selbst vorbereitet werden.

Da eine Durchsicht für die Bienen immer unangenehm ist, kann sich der Imker im Laufe der Zeit anlernen, den Volkszustand am Flugloch abzulesen. Das erspart ihm auch Arbeit.

Die Vermehrung der Bienenvölker

Natürliche Vermehrung (Schwarm)

Da ein Volk nur als Ganzes lebensfähig ist, kann man sich fragen, wie ein Volk entsteht, denn durch Krankheiten und strenge Kälte oder durch Futtermangel finden immer wieder Bienenvölker den Tod.
Ein neues Volk entsteht ganz einfach durch Teilung – wie sie beim Schwärmen stattfindet. Beim Schwarmvorgang fliegt die alte Königin mit einem Teil Bienen aus dem Volk.

Wie kommt es zum Schwärmen?

Mit der aufsteigenden Sonne und dem Höhepunkt des Blühens in der Natur, um die Johannizeit, gehen auch die Bienen einem Höhepunkt entgegen. Reichliches Trachtangebot aus Raps, Obstblüte, Löwenzahn und anderen Pflanzen fördern ihre Brut-, Sammel- und Bautätigkeit.

Schlechtes Wetter, das Trachtflug verhindert, Futtersaftüberschuß der vielen Jungbienen, Platzmangel, eine alte Königin, pralle Sonneneinstrahlung in der Mittagszeit, Wasser- und Futtermangel können aber im Volk Schwarmstimmung auslösen: Die Arbeitsbienen blasen Weiselnäpfe an den Wabenrändern oder Rähmchenunterteilen an, die von der Königin bestiftet werden. Die Legetätigkeit der Königin geht zurück. Sie wird von den Arbeitsbienen immer weniger gefüttert und regelrecht getrimmt, indem sie auf den Waben herumgetrieben wird. Dadurch wird sie leichter, weil sich ihre Eierstöcke zurückbilden. Gleichzeitig wird sie flugfähig. Im Volk läßt die Bau- und Sammellust nach. Oft hängen viele Bienen in dicken Klumpen am Flugloch. Weiselzellen, oft bis 20 Stück, werden gepflegt.

Neun Tage nach der Bestiftung der ersten Weiselzelle kommt dann der Moment, in dem die Teilung einsetzt – sonniges Wetter vorausgesetzt. Etwa die Hälfte der Bienen füllen sich ihre Mägen mit Honig zur Wegzehrung. Plötzlich wirbelt um die Mittagszeit unter lautem Gesumme in wirren, blitzartigen, zackigen Bewegungen der Vorschwarm mit der alten Königin durch die Luft, wo sich eine bewegte,

Arbeiten am Volk

große, lockere Wolke bildet, die sich allmählich an einem Baum, Dachbalken oder ähnlichem zur Traube verdichtet. Bis zu 20 000 Bienen können sich so in der Nähe ihrer alten Behausung sammeln, bevor sie in kilometerweiter Entfernung ihr neues Heim beziehen. Dieses wird von »Spürbienen« ausfindig gemacht. Haben die Spürbienen eine gute Behausung gefunden, tanzen sie nach ihrer Rückkehr vom Erkundungsflug um so ausdrucksvoller, je attraktiver die neue Wohnung ist. Oft zieht der Schwarm in hohle Bäume, Mauerlücken, alte Hausdecken oder ähnliches. Nur wenn die Königin verlorengeht, fliegt er wieder in das alte Volk zurück.

Wie fängt man einen Schwarm?
Auch für den Imker kann das Schwärmen so aufregend wie für die Bienen sein. Besonders der Neuimker gerät gleichzeitig in Staunen, Schwitzen und Aufregung, wenn eines seiner Völker schwärmt. Was tun? – Zunächst ganz ruhig warten, bis sich alle Bienen an einer Stelle zur Traube gesammelt haben. Es sollten eine Sprühflasche mit Wasser, ein Schwarmfanggerät (Schwarmfangbeutel, -korb oder -kasten) oder ein leeres Magazin mit Boden und Deckel bereitgehalten werden, außerdem ein Schleier und eventuell eine Leiter.
Fliegen nur noch wenige Bienen um die Traube, wird sie mit etwas Wasser fein besprüht. Das bewirkt, daß die außen sitzenden Bienen beim Einschlagen nicht so leicht auffliegen.

Nun kommt der große Moment: das Einschlagen in einen Schwarmfangsiebkasten. Der Siebkasten wird mit einer Hand möglichst nahe unter den Schwarm gehalten, mit der anderen Hand werden mit einem kräftigen Schlag möglichst alle Bienen auf einmal in den Kasten geklopft. Sind die meisten Bienen drinnen, stellt man ihn an der Stelle, wo die Traube gehangen hat, in den Schatten und öffnet das Flugloch. Bald wird sich zeigen, ob die Aktion erfolgreich war oder nochmal wiederholt werden muß. Befindet sich die Königin bei den Bienen im Kasten, fliegen alle nicht erfaßten Bienen in den Kasten. Ist die Königin aber nicht dabei, fliegen alle von neuem zu einer Traube, und das Ganze beginnt wieder von vorne.
Läßt sich der Schwarm an einem dünnen Ast nieder, wird dieser samt den Bienen abgeschnitten und mit einem kräftigen Schlag in den Kasten oder das neue Magazin geklopft. Manchmal kommt es vor, daß sich Schwärme auf höheren Bäumen niederlassen. Dann ist ein Schwarmfangbeutel von Vorteil. Er kann an einer langen Stange befestigt werden, so daß man an die Traube gelangen kann. Der Schwarmfangbeutel hat einen halbbeweglichen Metallbügel, der mittels einer Schnur von unten auf den festen Bügel zugeklappt wird.
Nicht immer bildet ein Schwarm eine geschlossene Traube. Die Bienen können sich auch flächig verteilen, z.B. an einem Baumstamm. In diesem Falle werden sie nach einer leichten

Arbeiten am Volk

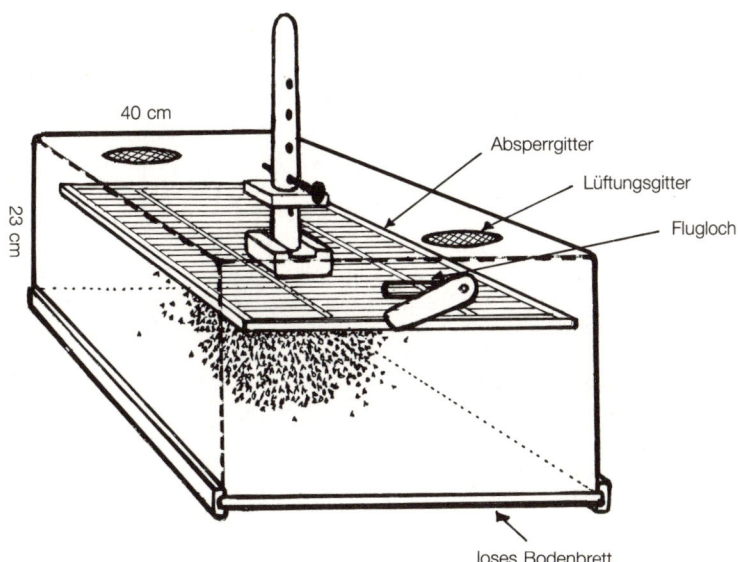

Schwarmfang-Siebkasten

Wasserbesprühung mit einem Besen in den Fangkasten gekehrt. Gerade bei einem solchen Unternehmen kann man das Schöne eines Schwarmes erleben. Die Bienen sind luftig ineinandergekettet und lassen sich wunderbar leicht zusammenfegen. Arbeitet man mit Ruhe, kümmern sie sich nicht um einen. Sie sind mit sich selbst beschäftigt.
Übrigens: Schwärme, die an sehr unzugänglichen Stellen hängen, in Großstädten beispielsweise, gelten laut Gesetz als ein Tier in Not. Sie können mit Hilfe der Feuerwehr in Baden-Württemberg kostenlos eingefangen werden.

Was tun mit dem eingeschlagenen Schwarm?
Der eingefangene Schwarm kommt am besten 1–2 Tage in Dunkelhaft, also in einen kühlen Keller. Fremde Schwärme läßt man bis zu 3 Tagen in der Haft, damit mitgebrachte Krankheitserreger aufgezehrt werden. Nach der Dunkelhaft wird der Schwarm in seine neue, sauber gereinigte Beute gesetzt. Es gilt die **Regel**, daß man dem Schwarm soviel Mittelwände zum Ausbauen geben soll, wie er halbe Pfund wiegt. Hinzu kommt eine bereits ausgebaute Wabe, damit die Königin sogleich mit dem Bestiften beginnen kann.

Arbeiten am Volk

Gelegentlich zieht der Schwarm wieder aus seiner neuen Wohnung aus. Gibt man ihm eine offene Brutwabe aus einem anderen Volk, bleibt er, weil die Bienen die Brut nicht im Stich lassen. Der Schwarm kann ruhig in der Nähe des abgeschwärmten Volkes aufgestellt werden, da die Bienen beim Schwärmen die Erinnerung an ihr altes Volk verloren haben.

In trachtloser Zeit oder während Schlechtwetterperioden sollte der Schwarm ca. 4 Tage nach dem Schwärmen gefüttert werden. Dies darf nur abends geschehen, um Räuberei zu vermeiden. Dazu gibt man drei Tage lang ca. 1/2 l Honigzuckerlösung (3 Teile Honig, 1 Teil Zucker, 1,5 Teile Wasser).

Was tun mit schwachen Schwärmchen?
Kleine Schwärmchen, die nur wenige Waben besetzen, kann man nach und nach mit überschüssigen, gedeckelten Brutwaben aus anderen Völkern verstärken. Auf diese Weise werden sie bis zum Herbst ein einwinterungsfähiges Volk, aber man kann sie auch vereinigen. Dabei gilt die **Regel**, nur Vorschwarm mit Vorschwarm und Nachschwarm mit Nachschwarm zu vereinigen, ansonsten kann es zu großen Bienenverlusten kommen.

Ein **Vorschwarm** ist der erste Schwarm mit der alten Königin. Da die Königin begattet ist, kann sie bald mit dem Bestiften beginnen. Der **Nachschwarm** entsteht, wenn im abgeschwärmten Volk die neu geschlüpfte Königin mit einem weiteren Teil der Bienen auszieht, ca. 7–8 Tage nachdem der Vorschwarm abgegangen ist.

Was geschieht mit dem abgeschwärmten Volk?
Um herauszufinden, welches Volk geschwärmt hat, kann man die »**Mehlprobe**« machen: Man nimmt abends von dem gefangenen Schwarm ein paar Bienen, gibt sie in ein Glas mit etwas Mehl und läßt sie vor dem Stand fliegen. Das Volk, in das die weißbemehlten Bienen fliegen, hat geschwärmt.

In der Regel muß das abgeschwärmte Volk eingeengt werden, gleichzeitig sind alle Weiselzellen bis auf eine oder zwei auszubrechen. Nach ca. 2 Wochen sollte kontrolliert werden, ob eine Königin geschlüpft und in Eiablage ist.

Weiß man sicher, von welchem Volk der Schwarm gefallen ist, wie der Imker sagt, kann man den Schwarm am alten Platz aufstellen und das Muttervolk in die Nähe. Ihm fliegen dann die Flugbienen des Muttervolkes zu, und der Schwarm kommt gleich voll in Tätigkeit und kann noch Honig bringen. Mit dem restlichen Muttervolk kann man Ableger machen oder es mit einem schwachen Volk vereinigen.

Früher waren Schwärme sehr geschätzt, besonders wenn sie früh im Jahr fielen. So betrieben die Heideimker eine intensive Schwarmförderung. Da die Heide spät blüht, konn-

Arbeiten am Volk

ten sich die abgeschwärmten Völker noch erholen und auch die Schwärme noch Ertrag bringen. Auch Nachschwärme waren sehr begehrt. In der heutigen Imkerei wird vielfach eine intensive Schwarmverhinderung betrieben. Da Arbeits-, Wohn- und Bienenstandort meistens weit auseinanderliegen, haben berufstätige Imker keine Zeit, im Sommer auf Schwarmfang zu gehen. Auch nehmen die Bienen zum Schwärmen Honig mit und sind zuvor nicht mehr so fleißig, was sich im Ertrag bemerkbar macht.

Was dem Schwärmen entgegenwirkt:
● Zur rechten Zeit angemessenen Raum geben,
● die Völker bauen lassen, also zeitig die Mittelwände einhängen,
● junge Königinnen in den Völkern halten,
● die Bienen nicht der prallen Mittagssonne aussetzen.
Das Wichtigste ist, daß die Schwarmstimmung gar nicht erst aufkommt. Ist das Schwärmen im Volk beschlossene Sache, kommen alle Verhinderungsmaßnahmen meist zu spät. So schwärmen ca. 10% der Völker jedes Jahr, wobei es Jahre gibt, da denken die Bienen gar nicht ans Schwärmen, in anderen sind sie durch nichts davon abzubringen.
Bei der Magazinbetriebsweise kann eine Schwarmverhütung mit dem später beschriebenen Zwischenboden meist erfolgreich betrieben werden. Hierbei werden kurzzeitig Zwischenableger gebildet.

Die Schwarmkontrolle ist in der Schwarmzeit Mai/Juni im Abstand von 9 Tagen erforderlich. Die Völker werden dabei auf Schwarmstimmung (verminderte Bau- und Sammellust, Rückgang der Legetätigkeit der Königin) und auf angeblasene Weiselzellen untersucht. Bei der Magazinbetriebsweise ist das einfach: Die einzelnen Magazine werden angehoben oder senkrecht aufgestellt, so daß man die Unterkanten der Waben sieht. Da die Weiselnäpfe meist an den unteren Rähmchenleisten der oberen Brutmagazine angesetzt werden, genügt dieser Einblick in das Volk. Die Bienen müssen aber durch Rauch zurückgedrängt werden. Sobald ein bestiftetes Weiselnäpfchen entdeckt wird, hilft nur noch das Einlegen eines Zwischenbodens.
Bei Hinterbehandlungsbeuten und ähnlichen Systemen müssen alle Waben einzeln auf Schwarmzellen untersucht werden, was viel Zeit benötigt und die Völker in große Aufregung bringt. Allerdings kann man sich eine Kontrolle bei den Völkern sparen, die fleißig bauen. Bei manchen Kästen kann man das durch das Fenster sehen, das den Brutraum nach hinten abschließt.

Schwarmverhinderung ohne Jungvolkbildung

Der Zwischenboden:
Mit einem Zwischenboden werden die Flugbienen von ihrem in Schwarmstimmung befindlichen Muttervolk

Arbeiten am Volk

getrennt und nach einiger Zeit wieder rückvereinigt. Das Verfahren geht in zwei Abschnitten vor sich:

1. Alle Magazine werden abgehoben, nur das Bodenbrett bleibt. Auf dieses kommt ein neues Magazin mit zwei Brutwaben in der Mitte, daneben Mittelwände sowie links und rechts am Rande je eine Futter- bzw. Honigwabe. Auf dieses neue Magazin wird ein extra für diesen Zweck gefertigter Zwischenboden mit Flugloch gelegt und das Volk in der alten Reihenfolge aufgesetzt. Zuvor werden jedoch in jeder Einheit alle Weiselzellen ausgebrochen. Die Königin kann sich jetzt nur in den Magazinen über dem Zwischenboden befinden. Die Flugbienen fliegen nach unten in das alte bekannte Flugloch ein. Dadurch entsteht über dem Zwischenboden viel Platz und Flugbienenmangel, so daß viele Jungbienen die Flugtätigkeit aufnehmen und die Königin verstärkt in Eiablage geht. Wichtig ist, daß die Einlage des Zwischenbodens während der Flugzeit und nicht nach 15 Uhr erfolgen soll.

Im untersten Magazin, das die Flugbienen hat, werden auf den zwei Brutwaben Nachschaffungszellen gepflegt. Bevor diese verdeckelt werden, muß der nächste Eingriff stattfinden, also nach 9 Tagen:

2. Dann wird der Zwischenboden enfernt und die Magazine in der alten Reihenfolge wieder aufs Bodenbrett gesetzt, so daß das Volk wie vor dem ersten Eingriff dasteht. In dem Magazin mit den Flugbienen werden alle Nachschaffungszellen ausgebrochen und das Magazin oben drauf gesetzt. In der Regel sind die Mittelwände ausgebaut und schön mit Honig angetragen. Die zwei Brutwaben hängt man am besten in das darunterliegende Magazin und hängt statt dessen honigvolle Randwaben hoch. So kann in vielen Fällen der Schwarmtrieb überwunden und eine folgende Waldtracht mit dem ganzen Volk genutzt werden.

Künstliche Vermehrung (Jungvolkbildung)

Zur Schwarmverhinderung bei gleichzeitiger Jungvolkbildung gibt es zwei prinzipielle Verfahren:

1. **Der Kunstschwarm:**
   Ein Jungvolk wird nur aus Bienen gebildet, denen eine begattete Königin zugesetzt wird.
2. **Der Brutableger** und seine Varianten **Flugling** und **Saugling:**
   Ein Jungvolk wird aus Bienen und Brutwaben gebildet, denen eine gedeckelte Weiselzelle oder eine Königin zugesetzt wird.

1. Der Kunstschwarm: Bevor Schwarmstimmung aufkommt, wird von sehr starken Völkern ein künstlicher Schwarm gebildet. Hierbei werden ca. 8000–10 000 Bienen, das entspricht ca. 2 kg, in den Marburger Feglingkasten oder ähnliches gefegt. Die Bienen müssen durch ein Absperrgitter, denn falls die Königin darunter ist, findet man sie am Absperrgitter und kann sie in ihr Volk zurückgeben. Die Bienen kommen in einen Kasten,

Arbeiten am Volk

in den außen zwei Mittelwände oder Leerwaben und in die Mitte drei fast ganz ausgeschnittene Waben gegeben werden. Der übrige Raum wird mit Mittelwänden ausgestattet. Dazu setzt man eine begattete Königin in einen mit Zuckerteig verschlossenen Zusetzkäfig.

Das neue Volk muß bei zusätzlicher Fütterung 1–2 Tage dunkel und kühl aufgestellt werden. Weil das Zusetzen einer neuen Königin riskant ist, gelingt es am ehesten, wenn die Bienen keine Möglichkeit mehr haben, aus offener Brut Weiselzellen nachzuziehen. Das ist beim Kunstschwarm und bei Ablegern mit gedeckelten Brutwaben der Fall.

Wichtig ist, daß der Kunstschwarm mindestens 3 km (Luftlinie) entfernt von den anderen Völkern aufgestellt wird, auf einem Jungvolkstand, da sonst die Flugbienen in ihre Muttervölker zurückfliegen.

Bei dem nackten Volk (ohne Waben) ist eine Varroabekämpfung gut möglich.

2. Der Brutableger: Drei Brutwaben mit möglichst viel verdeckelter Brut (aus einer Zanderwabe schlüpfen ca. 3000 Bienen) und Bienen von 5–6 Brutwaben werden ohne Königin in eine Beute gegeben. Dazu kommt eine Futterwabe und eine Wabe mit Wasser. Der Ableger kommt auf den Jungvolkstand. Nach 8–10 Tagen entfernt man die angezogenen Weiselzellen und setzt eine schlüpfreife Edelzelle (aus einem guten Volk) oder eine Königin zu. Ca. 14 Tage später ist die aus der Edelzelle geschlüpfte Königin in Eiablage. Nach weiteren 4 Tagen kann eine Varroabekämpfung (siehe S. 96) vorgenommen werden, da alle alte Brut geschlüpft ist und nur Eier und offene Brut vorhanden sind.

Der Flugling: Bei Flugwetter wird am besten vormittags das schwarmlustige Volk an einen anderen Platz innerhalb des bisherigen Flugkreises versetzt. An den alten Platz kommt ein Kasten, der die gleiche Farbe haben sollte wie der vorherige. In diesen sollten in die Mitte zwei offene Brutwaben, am Rande zwei Futterwaben und dazwischen Mittelwände gegeben werden. In diesen Kasten fliegen alle Flugbienen aus dem Volk, das an dieser Stelle gestanden hat. Das schwarmlustige Volk wird so »geschröpft«. In der Regel verliert es dadurch die Schwarmgedanken.

Der neue Flugling errichtet Nachschaffungszellen für eine neue Königin auf den Brutwaben. Diese müssen nach 9 Tagen entfernt werden. Stammt die Brutwabe von einem guten Volk, kann man ein oder zwei Zellen stehen lassen. Ansonsten wird eine andere schlupfreife Weiselzelle oder eine Jungkönigin zugesetzt. Dabei ist zu beachten, daß beim Zusetzen einer schlupfreifen Weiselzelle der Flugling nach spätestens 14 Tagen auf den Außenstand gebracht werden muß. Bis zu diesem Zeitpunkt ist dann alle alte Brut geschlüpft, so daß eine erfolgreiche Varroabehandlung vorgenommen werden kann.

Arbeiten am Volk

Wird eine bereits begattete Königin zugesetzt, muß der Flugling nach spätestens 9 Tagen auf den Jungvolkstand gebracht werden. Vor dem Zusetzen wird eine Varroabekämpfung durchgeführt.

Der Saugling: Saugling will besagen, daß von starken Völkern Bienen »abgesaugt« werden, um das Schwärmen zu verhindern. Noch bevor in einem Volk Schwarmzellen angeblasen werden, meistens im Mai, hängt man 2–3 mit einem Reißnagel gekennzeichnete hellbraune, schon bebrütete, mit Honigwasser besprühte Waben in das Brutnest. Unabhängig vom Wetter werden 6–7 Tage später diese Waben mit nun junger Brut entnommen. Die Bienen werden abgefegt, nicht abgestoßen, damit Brut und Eier nicht herausfallen. Diese Brutwaben sowie 2 Futterwaben und Mittelwände werden in ein Magazin gehängt und einem schwarmgefährdeten Volk über Absperrgitter aufgesetzt. Die junge Brut saugt Pflegebienen an. Einen Tag später kann man das Magazin wieder abnehmen, mit Boden und Deckel versehen und auf den Jungvolkstand versetzen. Nach 8 Tagen kann man die angeblasenen Weiselzellen ausbrechen und eine begattete Königin zusetzen.

Das Zusetzen einer schlüpfreifen Weiselzelle oder Königin

Einem Jungvolk ohne Königin kann eine ca. 14 Tage alte Weiselzelle aus einem guten Volk, das Schwarmzellen hat, gegeben werden. Es ist zu beachten, daß die Königin einen Tag vor dem Schlüpfen höchst empfindlich ist. Die Weiselzelle wird in der Mitte der mittleren Wabe des Jungvolkes vorsichtig im Wachs befestigt, ohne daß sie gedrückt wird.

Das Zusetzen einer begatteten Königin, die gekauft werden kann, muß ebenfalls vorsichtig geschehen. Die Königin wird in einen Zusetzkäfig gesetzt, der mit Futterteig verschlossen wird, und oben zwischen die Brutwaben gehängt. Die Bienen fressen den festen Futterteig aus und nehmen in der Regel die Königin an. Es darf aber keine andere Königin oder Weiselzelle im Volk sein.

Die Pflege der Jungvölker:

Hat man eine reife Weiselzelle zugegeben, wird die Königin nach etwa 3 Tagen schlüpfen und nach ca. 14 Tagen in Eiablage gehen. In der folgenden Zeit muß darauf geachtet werden, daß das Volk immer genügend Raum und Futter hat. Meist muß zugefüttert werden, ca. 2 kg Honig oder Zucker. Geht die Königin beim Begattungsflug verloren, kann man das Volk erneut beweiseln lassen oder, wenn es schon spät im Jahr ist, mit einem anderen Ableger vereinigen. Allgemein liegt die Ausfallquote der Ablegerbildung bei mindestens 10%.

Nach weiteren 3 Wochen soll erneut nachgeschaut werden. Nun müssen bereits Brut und Jungbienen der neuen Königin vorhanden sein. Findet man ein geschlossenes, flächig bestiftetes Brutnest, zeugt das von einer

Arbeiten am Volk

guten Königin. Ist alles in Ordnung, kann erweitert und flüssig gefüttert werden. Damit bis zum Herbst ein einwinterungsfähiges Volk heranwachsen kann, sollte es auch früh eingefüttert werden.

Die Fütterung

Die Bienen nehmen im Nektar zuckerhaltige Lösungen auf und arbeiten diese durch Zugabe ihrer Enzyme und Wasserentzug um. Ähnliches geschieht mit dem Zucker, der ihnen vom Imker gegeben wird. Er soll deshalb auch in Lösung sein.
Weil die Bienen in offenen Flüssigkeiten leicht ertrinken, ist das Futtergeschirr mit Vorrichtungen versehen, woran sich die Bienen festhalten können. Stege, Holzwolle oder Moos können als feste Unterlage dienen. Verschiedene Systeme und Vorrichtungen werden inzwischen angeboten: Futterballons, die ins Flugloch gesteckt werden, Futterflaschen, die in den Kasten gestellt werden, Seitentröge, Tröge zum Anhängen an das hintere Fenster, Futterdeckel mit Futtergeschirr, Futtereimer, die in ein Leermagazin gestellt werden usw.

Die Fütterung im Frühjahr und Sommer

Bei Futtermangel im Frühjahr kann man folgendermaßen vorgehen: man nehme von Völkern mit großem Vorrat eine Futterwabe, entdeckle sie etwas und hänge sie dem unterversorgten Volk direkt ans Brutnest. Man kann ihnen auch Stampfhonig (Entdeckelungswachs und Abschaumhonig) geben. Wichtig ist, daß die Bienen im Frühjahr möglichst nur invertiertes Futter (im Handel erhältlich oder Honig) erhalten.

Futterteige können im späteren Jahr bei warmen Temperaturen gereicht werden, wenn die Bienen ohne Schaden Wasser eintragen können. Futterteig eignet sich für die Zufütterung der Jungvölker sowie zur Lücken- und Reizfütterung der Wirtschaftsvölker.
Futterteig kann selbst hergestellt werden: 4 Teile Puderzucker und 1 Teil erwärmter Honig (kein Auslandshonig!) werden miteinander verknetet. Der feste Teig kann direkt auf die Rähmchenoberteile über den Bienensitz gelegt werden, wo er schnell von den Bienen abgenommen wird. Ein halbes Kilo pro Volk reicht für ca. 10 Tage. Der Teig hält sich lange, wenn er in gut verschließbaren Gefäßen aufbewahrt wird. Man kann aber auch festen, industriell hergestellten Futterteig kaufen.
Eine **Reizfütterung** kann man 40 Tage vor einer voraussichtlich guten Tracht vornehmen, um die Bruttätigkeit der Völker anzuregen. (**40-Tage-Regel**: bis aus einem Ei eine Flugbiene wird, dauert es 40 Tage.) Die Reizfütterung geschieht am besten mit einer Zuckerlösung im Verhältnis 1:1 oder mit Futterteig, wenn das Wetter schön ist.

Arbeiten am Volk

Die Winterfütterung

Für die Winterfütterung bereite man eine Zuckerlösung im Verhältnis 3:2. 3 Teile Zucker (Haushaltszucker) werden in 2 Teile heißes Wasser gegeben und die Lösung so lange gerührt, bis sie klar ist. Es ist gut, wenn das Futter den Bienen warm gegeben werden kann.
750 g Zucker und 500 g Wasser ergeben 1 l Zuckerlösung. Will der Imker seinen Bienen noch etwas Gutes tun, kann er der Zuckerlösung Kochsalz (1 Eßlöffel/10 l, jedoch nicht nach Waldtracht) und eine Teemischung aus Kamille, Thymian, Schafgarbe, Brennessel, Löwenzahn, Baldrian und Eichenrinde zusetzen (je 10 g Droge reichen für 100 l Flüssigkeit).
Die einzufütternde Zuckermenge ist je nach Betriebsweise und Haltungsform unterschiedlich. Die Futtermenge sollte auf alle Fälle bis März/April reichen.
Völker in Hinterbehandlungskästen überwintern in der Regel kleiner und sind auch vor der Kälte besser geschützt, da die Kästen enger beieinander stehen und innen mit Filzmatten isoliert werden. Sie brauchen ca. 10 kg Futter pro Volk.
Bei Magazinen überwintert man je nach Volksstärke auf einem oder zwei Magazinen. Ein Volk auf einem Magazin benötigt mindestens 10 kg, auf zwei Magazinen mindestens 12–15 kg.
In Hinterbehandlungsbeuten ist das Einfüttern zeitaufwendiger, da die Futtergeschirre nur ca. 3/4 l Flüssigkeit fassen. Es werden ca. 14 Tage lang jeden Abend die Futtergeschirre gefüllt. Bei Magazinen können größere Mengen auf einmal gereicht werden. Je nach Temperatur wird das Futter schneller oder langsamer abgenommen. Meist kann innerhalb einer Woche eine 2. Gabe gereicht werden. Vor dem Auffüttern sollten restliche Honigvorräte nur dann entnommen werden, wenn sie aus reinem Honigtauhonig bestehen. Honigtauhonig führt zu starker Beanspruchung der Verdauungsorgane im Winter. Bei mangelnder Ausflugsmöglichkeit und vermehrter Anreicherung von Schlackenstoffen kann es zu Ruhrerkrankungen kommen.
Wenn die Wintereinfütterung rechtzeitig und bei warmen Temperaturen vorgenommen werden kann, kann auch Futterteig verwendet werden, was jedoch teurer sein kann als eine Flüssig-Zuckerfütterung.

Das Wandern

Seit altersher wird mit Bienen gewandert. Die alten Ägypter verfrachteten ihre Bienen mit Schiffen auf dem Nil. Heutzutage ist eine Erwerbsimkerei ohne Wandern nicht denkbar. Unter »Wandern« versteht der Imker ein Verstellen seiner Wirtschaftsvölker an einen Ort, wo die Bienen eine bessere Tracht finden. Auch der Hobbyimker, der nur wenig Völker hat, sollte sich mit der Sache vertraut machen, weil

Arbeiten am Volk

grundlegende Fragen der Imkerei damit verbunden sind.

Da die Biene Blütenstaub und Nektar bzw. Honigtau sammelt, ist es an vielen Standorten schwer, diese Ansprüche die ganze Vegetationszeit hindurch zu erfüllen. In landwirtschaftlich intensiv genutzten Gebieten hat die Biene durch die modernen Anbaumethoden kaum Nahrungsgrundlagen. Die Wiesen werden oft früh gemäht, alle Unkräuter mit Herbiziden angegangen. Oft kann es zu Zeiten mit Trachtlücken kommen. Deswegen bringt der Imker seine Bienen zur Tracht, auch wenn das oft sehr weit ist.

Aber auch umgekehrt können in großen Anbaugebieten mit Obst, Raps und anderen Kulturen überhaupt nur hohe und sichere Erträge erzielt werden, wenn genügend Bienen fliegen. Auch Wälder (v.a. Tannen- und Fichtenbestände) sind begehrtes Wanderziel. Diese honigen aber nicht jedes Jahr und an jedem Ort, so daß man zum Wandern gezwungen ist, wenn man den begehrten Waldhonig ernten möchte.

Die Wanderordnung

Man darf Bienen nicht willkürlich verstellen. Vor Wanderungen außerhalb des Vereinsbezirkes müssen die Bienen zuvor vom Bienensachverständigen (BSV) auf ihren Gesundheitszustand untersucht werden. Nur mit gesunden Völkern darf gewandert werden, um einer Verschleppung von Seuchen vorzubeugen, da die Gefahr der Übertragung besonders an guten Trachtplätzen groß ist. Der BSV stellt für die gesunden Völker ein Gesundheitszeugnis aus, das auf dem neuen Standort mit genauer Anschrift und Telephonnummer des Besitzers angebracht werden muß, am besten in einer Klarsichtfolie geschützt. Es darf nicht vor dem 1. März ausgestellt werden und gilt sechs Monate. Vor der Wanderung ist der zuständige Wanderplatzwart und eventuell auch der zuständige Vereinsvorstand zu benachrichtigen. Dem Wanderplatzwart oder Vertrauensmann sollte das Original-Gesundheitszeugnis gezeigt und eine Kopie überlassen werden.

Eine Liste der Wanderplatzwarte befindet sich im Imkerkalender oder kann bei der Geschäftsstelle des Verbandes erfragt werden.

Der Wanderplatz: Jeder Wanderimker sucht sich seinen Wanderplatz selbst, muß aber auf die ortsansässigen Imker Rücksicht nehmen. In die Nähe ihrer Heimstände darf nicht aufgewandert werden, ebenso nicht in den Flugkreis der von den Landesverbänden anerkannten Belegstellen. Der Imker legt den Platz gemeinsam mit dem zuständigen Wanderplatzwart fest. Ist kein Wanderplatzwart vorhanden, so hat sich der Imker an den Vereinsvorsitzenden bzw. Vertrauensmann zu wenden. Mit dem Eigentümer muß vorher die Platzmiete vereinbart werden, die am besten vom Ertrag abhängig gemacht wird.

Der Wanderplatz sollte gut angefahren werden können und nahe bei der

Arbeiten am Volk

Trachtquelle sein. Auch bei Blütentrachten sollte er am Waldrand liegen. Meist ist es erforderlich, den Platz vor dem Aufwandern herzurichten. Oft müssen Gestrüpp entfernt, Unterlagen vorbereitet und Abdeckungsmaterial hergerichtet werden. Als **Unterlagen** können Kanthölzer mit Dachlatten, Holzklappböcke oder ähnliches verwendet werden. Oft genügen Behelfsunterlagen bei Magazinen. Für jedes Volk kann man ein Stück Dachpappe oder Teppichboden nehmen, das vorne 30 cm überstehen sollte, so daß das Flugloch grasfrei bleibt und kein Wasser ins Flugloch dringen kann.

Zur **Abdeckung** eignen sich Bitumen-Wellplatten, z.B. Onduline, die mit Steinen beschwert werden. Als Notbehelf kann man auch schwarze Plastikfolien oder Schaltafeln verwenden. Oft ist es auch nötig, eine Tränke aufzustellen.

Das Wanderfertigmachen der Völker richtet sich nach der Beutenart. Wichtig ist, daß die Flugfront bienendicht verschlossen werden kann und die Bienen trotzdem genügend Luft haben. Bei Hinterbehandlungskästen sind Wandervorrichtungen so konstruiert, daß man einen Teil der Hintertür abnehmen kann und ein bienendichtes Drahtnetz für Luftzufuhr sorgt. Magazine können einen hohen Unterboden oder oben bzw. vorne eine Wandervorrichtung besitzen. Sofern die einzelnen Magazine nicht durch Schlößchen zusammengehalten werden, wie beispielsweise bei der Hohenheimer Wanderbeute, müssen die einzelnen Magazine mit einem Wandergurt gesichert werden.

Es ist zu beachten, daß nicht unmittelbar vor dem Wandern neue Rähmchen in die Völker gehängt werden, sie sind noch nicht festgekittet, verrutschen daher leicht und können so viele Bienen zerdrücken. Es sollte nur mit starken Völkern gewandert werden, die einen Futtervorrat für 2 Wochen haben. Falls das Futter nicht ausreicht, muß 3 Tage vor der Wanderung gefüttert werden. Das Flugloch wird abends verschlossen, wenn keine Bienen mehr fliegen.

Der Transport kann entweder gleich anschließend oder am frühen Morgen erfolgen. Es ist gut, wenn man es so einrichten kann, daß man noch vor Beginn des Bienenfluges den Wanderplatz erreicht. Ausreichende Belüftung muß in allen Fällen gewährleistet sein, sonst können gerade die großen, also besten Völker ersticken. Bei Transporten über weite Strecken empfiehlt es sich, zur Kühlung wassergetränktes Moos in Bienennähe zu bringen. Der Transport erfolgt mit einem geeigneten Fahrzeug: Schlepper oder Pkw mit Anhänger, Lieferwagen oder Lastkraftwagen. Das Be- und Entladen sollte ruhig und zügig vor sich gehen.

Sack-, Schubkarren oder Trageeinrichtungen erleichtern die Arbeit. Auf keinen Fall sollte man wegen der möglichen Unfallgefahr allein wandern.

Ein Eimer mit knetfähigem Lehm

Arbeiten am Volk

oder ein stabiles, breites Klebeband kann oft nötig werden, um undichte Stellen an den Beuten schließen zu können. Auch Hammer, Zange und Nägel können immer wieder von Nutzen sein.
Die Fahrt soll zügig verlaufen, möglichst ohne Unterbrechung. Wird eine Pause nötig, stelle man den Motor nicht ab, weil die Bienen dann ruhig bleiben. Gibt es eine längere Pause, gar bei heißen Temperaturen, muß man die Völker abladen und fliegen lassen. Am Abend kann dann die Fahrt fortgesetzt werden.
Am Wanderplatz werden die Fluglöcher nicht geöffnet, bevor alle Völker stehen. Es empfiehlt sich sogar, noch einige Zeit länger zu warten. Mit übergezogenem Schleier und unter leichten Rauchstößen kann dann der Flug freigegeben werden.
Nachfolgende **Checkliste** gibt an, welche Vorbereitungen bzw. Materialien für eine Wanderung nötig sind:
- Fahrzeug: einsatzbereit, mit genügend Kraftstoff, Fahrzeugpapiere
- Wandergurte, sofern nötig
- Imkerutensilien: Rauchgerät, Rauchmaterial, Feuer, eventuell Abwehrspray, Stockmeißel
- sonstiges Werkzeug: Hammer, Zange, Nägel, breites Klebeband
- Schutzanzug, Schleier, Arbeitshandschuhe, feste Schuhe
- Wasserkanister und Wassersprühgerät
- Taschenlampe
- Notapotheke
- Gesundheitszeugnis.

Die Honigernte

Der Zeitpunkt: Es ist soweit, gedeckelte Honigwaben hängen in den Völkern. Das Herz des Imkers schlägt höher. Die im wahrsten Sinne des Wortes süße Arbeit beginnt. Aber die Honigwaben dürfen nicht zu früh entnommen werden, weil sonst der zu hohe Wassergehalt den geschleuderten Honig in Gärung versetzt. Der Wassergehalt sollte weniger als 20% betragen. Der richtige Zeitpunkt ist dann, wenn der Honig zu ca. 2/3 verdeckelt ist. Es gibt aber auch Fälle, in denen der Honig ohne Deckelung als reif angesehen werden muß. Raps-, Hederich- und Lärchenhonig werden schnell fest in den Waben.
Will man prüfen, ob der Honig reif ist, macht man die **Spritzprobe:** Die Honigwabe wird ohne Bienen waagrecht gehalten und einmal kräftig nach unten geschüttelt. Wenn dabei der Honig nicht mehr aus den Zellen spritzt, ist er schleuderreif. Wird zu lange mit der Honigentnahme gewartet, fühlen sich die Völker gesättigt, so daß der Arbeitseifer erlahmt. Zudem gibt es auch Zement- oder Melezitosehonig, der in der Wabe so fest werden kann, daß er beim Schleudern nicht mehr herausgeht. Dies kann z.B. bei Lärchen- oder Rapshonig vorkommen. Er muß unbedingt in Abständen von wenigen Tagen geschleudert werden.
Bei der **Honigentnahme** sollte jemand helfen, damit die Arbeit möglichst schnell vonstatten geht, um Räuberei und Stiche zu verhindern. Alles sollte

Arbeiten am Volk

Entdeckelungswanne und Entdeckelungsgabel

gut durchdacht und vorbereitet sein; Werkzeug, Wassersprühflasche, Transportkisten oder Leermagazine mit Deckel bereitgestellt werden. Beim Magazin wird der Deckel entfernt und die Folie unter leichten Rauchgaben vorübergehend halb zur Seite gelegt. Eine schleuderreife Wabe nach der anderen wird entnommen, wobei die Bienen abgeklopft und abgefegt werden. Die Honigwaben hängt man in ein leeres Magazin. Es muß sofort abgedeckt werden, um suchende und aufgeregte Bienen fernzuhalten. Die Honigwaben befinden sich in der Regel oben und an den Seiten links und rechts. Kommen Brutwaben in der Mitte zum Vorschein, werden sie samt Magazin zur Seite gestellt. In den nächsten Magazinen verfährt man ebenso.

Ist man fertig, füllt man die unteren Magazine mit Leer- oder Brutwaben aus den oberen Magazinen. Das oberste Magazin kann vorübergehend leer aufgesetzt werden, wenn keine weiteren ausgebauten Waben zum Auffüllen vorhanden sind. Sobald aber die Waben geschleudert sind, am Abend oder nächsten Morgen, werden diese mit Wasser besprüht zurückgehängt, sofern das Volk noch soviel Raum benötigt. Ansonsten nimmt man das obere Magazin ab.

Die **Schleuderung** sollte in einem bienendichten Raum vorgenommen werden. Sauberkeit und Ordnung sind oberstes Gebot. Da die Waben nur stockwarm geschleudert werden sollen, empfiehlt es sich, diese vor dem Schleudern in einen beheizten Raum oder mit einer Folie bienendicht verschlossen in die Sonne zu stellen.

Der erste Arbeitsvorgang ist das **Entdeckeln**. Hierbei entfernt man die Wachsdeckelchen auf den Waben. Eine Blechwanne mit doppeltem Boden und einem Drahteinsatz dient zugleich als Entdecklungstischchen und Behälter für das Entdeckelungswachs. Mit einer besonders stabilen

Oben: Ein Bienenschwarm hat sich in einen Baum gehängt.
Unten links: Der Imker sammelt einen Schwarm ein.
Unten rechts: Ein Imker (mit Dathepfeife) zieht eine schleuderreife Honigwabe.

Arbeiten am Volk

breiten Gabel mit leicht nach oben gebogenen Zinken unterfährt man von der Wabenunterseite nach oben hin die feine Wachsschicht (Abb. S. 70). Zu beachten ist, daß beim gelegentlichen Reinigen der klebrigen Geräte kein Wasser in den Honig gelangt. Die Honigqualität darf nicht beeinträchtigt werden.

Das **Schleudern** geht je nach Schleudertyp etwas anders vor sich. Im Prinzip werden entdeckelte Waben so in einen drehbaren Stahlkorbeinsatz gestellt, daß das Gewicht auf den gegenüberliegenden Seiten ungefähr gleichmäßig verteilt ist. Die Schleuder kann entweder von Hand oder über einen Elektromotor betrieben werden. Dabei ist bei letzterem darauf zu achten, daß die Waben nicht gleich mit der höchsten Drehzahl geschleudert werden, sondern zunächst eine Wabenseite leicht angeschleudert wird. Dann hält man die Schleuder an, wendet jede Wabe und schleudert wiederum langsam weiter. Nach erneutem Wenden wird die zunächst angeschleuderte Wabenseite geleert. Bei neuen, unbebrüteten Waben muß besonders vorsichtig gearbeitet werden, weil diese leicht zerbrechen. Bei ihnen ist auf alle Fälle ein nochmaliges Wenden und Schleudern notwendig. Für den Großimker gibt es Selbstwendeschleudern, in der sich die Waben automatisch in die entgegengesetzte Drehrichtung wenden.

Von der Innenseite des Schleuderbehälters fließt der Honig nach unten, wo er sich sammelt. Durch einen Hahn läuft dann das »flüssige Gold« über ein grob- und feinmaschiges Doppelsieb, von Wachsresten gereinigt, in einen Behälter. Als Abfüll- und Aufbewahrungsgefäß eignet sich ein Edelstahlbehälter mit Quetschhahn.

Die Art, wie der Honig bei Zimmertemperatur herausfließt, sagt etwas über seinen Wassergehalt aus. Bildet sich beim Herausfließen ein Berg im Eimer und legt sich der Honigstrahl in Falten, ist er reif und somit haltbar. Entsteht aber eine Vertiefung, so enthält er noch zuviel Wasser. Es besteht dann Gefahr, daß der Honig durch eine Gärung verdorben wird.

Die **Honigbearbeitung:** Die Honige werden verschieden schnell fest, je nach ihrem Anteil an Frucht- und Traubenzucker. Mit steigendem Traubenzuckergehalt (Glucose) beschleunigt sich die Kandierung. Besonders Blütenhonige kandieren schnell – dies bedeutet aber keinesfalls eine schlechtere Qualität. Nur Wald-, Akazien- und Edelkastanienhonige bleiben längere Zeit flüssig.

Damit eine gleichmäßige, einheitliche Kandierung entsteht, wird der Honig vom Imker bearbeitet: Er läßt den Honig nach dem Schleudern einige Tage an einem warmen Ort im Großgebin-

Oben links: Bienen beim Bau einer neuen Wabe.
Oben rechts: Ausschnitt aus einer Wabe mit Pollenzellen (gelb), frisch verdeckelten Honigzellen (weiß) und offenen Honigzellen (glänzend).
Unten: Honigbienen tanken Honig.

Arbeiten am Volk

de stehen und rührt ihn täglich zweimal mit einem dreikantigen Holzstab jeweils 10 Minuten kräftig um. Das Gebinde darf auf keinen Fall aus ungeschütztem Eisen oder Zink bestehen. Den Honig deckt man ab, damit er keine Fremdgerüche annimmt. Alle Wachsteilchen, die sich oben sammeln, und der Schaum werden abgeschöpft. Auf diese Weise wird der Honig geklärt.

Die **Honiglagerung** sollte nur in größeren Gefäßen aus Edelstahl oder lebensmittelfreundlichem Kunststoff erfolgen. Der Honig sollte trocken, kühl bei Temperaturen unter 18 °C und vor Sonneneinstrahlung geschützt aufbewahrt werden. Er muß luftdicht verschlossen sein, da er leicht Wasser und fremde Gerüche annimmt.

Will man festen Honig wieder verflüssigen, darf das höchstens bei einer Temperatur von 40 °C geschehen, damit die wertvollen Inhaltsstoffe wirksam bleiben. Dazu kann man den Honig länger in einem warmen Raum aufbewahren oder vorsichtig im Wasserbad erhitzen. Auch Wärmeschränke (umgebaute Kühlschränke) sind hierfür gebräuchlich. Im Handel gibt es auch einige Geräte dazu.

Am besten wird der Honig kurz vor dem **Verkauf** in Gläser und Eimerchen abgefüllt. Es sollte das bekannte, 500 g fassende Einheitsglas des Deutschen Imkerbundes verwendet werden, das hohe Qualität garantiert. Auch ist darauf zu achten, daß das Gewicht stimmt. Der Imker darf sich nicht scheuen, einen angemessenen Preis für seine hochwertige und edle Ware zu verlangen. Der Honig soll zwar geschleudert, aber nicht verschleudert werden. Grundsätzlich ist eine gute Ernte kein Grund, den Preis herabzusetzen. Weniger gute Jahre folgen mit Sicherheit.

Zum Verkauf kann auch das schöne, helle Entdeckelungswachs samt Honigresten in einem Glas mit Schraubverschluß kommen. Als Kauwachs täglich genommen heilt es oft Erkältungen, Grippe und entzündliche Erscheinungen im Kopf- und Rachenbereich. Will man es verkaufen, wird zuvor die obere Wachsschicht, aus der der Honig abgesunken ist, entfernt, so daß nur mit Honig durchsetztes Wachs den Kunden erreicht. Findet man keinen Abnehmer, kann es samt dem Abschaumhonig auch zur Fütterung im Frühjahr verwendet werden.

Die Bezeichnung des Honigs richtet sich nach der Ausgangssubstanz. Honig aus Nektar nennt man **Blütenhonig, Waldhonig** wird von den Bienen aus Honigtau von Nadelbäumen und **Blatthonig** aus Honigtau von Laubbäumen bereitet.

Blütenhonig besteht bei uns meist aus einer Mischung von Nektar verschiedener Pflanzenarten und etwas Pollen, er wird nach dem dominierenden Anteil bezeichnet. Bei uns gibt es den meist gelblichen, dünnflüssigen **Obstblütenhonig,** den etwas scharf schmeckenden **Löwenzahnhonig,** den weißlich kandierenden, süßen

Arbeiten am Volk

Rapshonig und den gelbbräunlichen, herb riechenden **Heidehonig.**
Honigtauhonig hat im Vergleich zum Blütenhonig einen geringeren Pollen- und Säureanteil, aber einen höheren Mineralstoffgehalt. Insbesondere Tannen- und Fichtenhonig sind sehr beliebt und teuer.

Die Wachsgewinnung

Wachs fällt an: durch Wirrbau, der bei der Völkerdurchsicht entfernt wurde, ausgeschnittenen Drohnenbau sowie durch ausgesonderte Altwaben. Grundsätzlich sollten keine Waben, die älter als 3 Jahre sind, in den Völkern sein. Frisch erzeugtes Jungfernwachs ist rein weiß, im Laufe der Zeit wird es immer dunkler. Außerdem werden die Zellen durch die Nymphenhäutchen, die nach jedem Brutsatz zurückbleiben, immer enger. Wenn die Waben nicht nach 3 Jahren ausgewechselt werden, werden die darin aufgezogenen Bienen merklich kleiner.
Versuche mit Kunststoffwaben zeigen, daß das Wachs unersetzlich ist. Deshalb sollte der Imker immer einen verschließbaren Eimer für Wachsabfälle zur Bearbeitung der Völker mitnehmen, müssen die Bienen doch 1 250 000 Wachsplättchen schwitzen, um 1 kg reines Wachs zu erzeugen.
Um das reine Wachs zu gewinnen, gibt es verschiedene Möglichkeiten. Leider haben die einfachen Verfahren trotz großen Arbeitsaufwandes nur eine ungenügende Wachsausbeute. Da die erforderlichen Geräte für arbeitssparendes und effizientes Schmelzen teuer sind, kann dem Kleinimker empfohlen werden, seine **Altwaben** zu verkaufen oder gegen Mittelwände einzutauschen. Für 3 kg Altwaben erhält man 1 kg Mittelwände, wobei eine Bearbeitungsgebühr anfällt. Zum Verkauf sollten die Altwaben mottensicher verpackt werden.
Mancherorts besitzt der Imkerverein einen **Dampfwachsschmelzer,** der seinen Mitgliedern zugänglich ist. Das Altwachs wird ca. 2 Stunden lang Wasserdampf ausgesetzt, wobei das flüssige Wachs mit Kondenswasser durch einen Hahn in einen Eimer fließt. Dort erstarrt es zu einem an der Wasseroberfläche schwimmenden Block. Dieses Verfahren hat eine gute Wachsausbeute und erspart das Ausschneiden der Waben aus den Rähmchen sowie erneutes Drahten.
Jedem Imker kann aber die Anschaffung eines **Sonnenwachsschmelzers** angeraten werden. Er nutzt die Sonnenwärme, ist billig, arbeitet ohne Aufsicht und eignet sich auch für kleinere Mengen. Er sollte jedoch Platz für mindestens eine Wabe bieten. Der Sonnenwachsschmelzer kann auch selbst hergestellt werden: Er besteht aus einem Kasten mit einer schräggestellten, dunklen Platte aus Schiefer, Emaille oder verzinntem Blech und einem vormontierten Wachsauffangbehälter. Das Ganze wird mit einer Glasscheibe luftdicht verschlossen. Die Schmelzebene wird senk-

Arbeiten am Volk

recht zur Sonneneinstrahlung gestellt. Unter der Glasscheibe staut sich die Wärme, wodurch das Wachs ab 63 °C verflüssigt wird. Es fließt aufgrund der Neigung durch einen Spalt in den Auffangbehälter und erstarrt unterhalb von 60 °C. Jungfernwachs (neu gebaute Drohnenwaben und Wirrbau) schmilzt restlos, bei älteren Waben ist die Ausbeute relativ gering.

Das Vorbereiten der Rähmchen

Gebrauchte, weitgehend von Wachs befreite Rähmchen sollte man desinfizieren. Hierzu taucht man sie entweder in eine 5%ige Sodalösung (Schutzkleidung, Brille und Handschuhe tragen) oder überflammt sie kurz mit einem Campinggasbrenner. Bei der Desinfektion mit Soda werden die Rähmchen gleichzeitig von Wachsresten befreit, während sie beim Abflammen eine dünne Wachs-Propolis-Schicht erhalten. Entscheidet man sich für die Sodalauge, sollten die Rähmchen mit Edelstahl gedrahtet sein.

Das **Drahten** ist bei den heute üblichen großen Wabenmaßen unerläßlich, um der Mittelwand den nötigen Halt zu geben und Wabenbruch beim Schleudern zu vermeiden.

Das Stanzen von Löchern, durch die der Draht geführt wird, erfolgt mit einem Rähmchenlocher. Durch einen Hebel wird eine Metallspitze durch das Rähmchenholz gedrückt, auf die eine Metallöse aus Messing gesetzt ist, die gleichzeitig mit dem Lochen in das Holz gedrückt wird. Die Öse verhindert, daß der Draht in das Holz einschneidet, außerdem erleichtert sie das Einziehen des Drahtes. Großimker bohren die Löcher mit einer Mehrfachbohrmaschine; dann werden die Ösen von Hand eingeklopft. Die Lochstellen können vorher mit einer Schablone markiert werden.

Das Drahten kann auf zweierlei Arten erfolgen: senkrecht (die Drähte laufen parallel zur Kurzseite des Rähmchens) und horizontal (die Drähte gehen parallel zu Ober- und Unterleisten, wobei die äußersten Drähte nicht mehr als 12 mm von der Rähmchenleiste entfernt sein sollen, da sonst die Mittelwände umklappen).

Die **horizontale** Drahtung erfolgt mit Rähmchendraht mit einem Durchmesser von 0,37 mm; Edelstahl bevorzugen.
Vorteile:
● Der Draht läßt sich an den kürzeren Seitenteilen besser spannen als an den langen elastischen Ober- und Unterträgern,
● beim Abkratzen von Wachsresten auf den Rähmchen sind keine Drähte im Weg.
Nachteile:
● Die Seitenteile müssen gebohrt werden, da das Hartholz nicht mit dem Rähmchenlocher von Hand durchstoßen werden kann.

Arbeiten am Volk

Die **senkrechte Drahtung** erfolgt mit einem Wabendraht mit einem Durchmesser von 0,5 mm; V2A-Stahl bevorzugen.
Vorteile:
● Das Lochen ist von Hand möglich.
Nachteile:
● die Ober- und Unterleisten können sich durchbiegen,
● die Drähte sind beim Abkratzen von Wachsüberbauten im Weg.
Der Draht wird dann durch die Ösen gefädelt (bei Zandermaß 5mal senkrecht oder 4mal waagrecht). Wichtig ist, daß der Draht die richtige Spannung hat, um ein Welligwerden der Mittelwände zu vermeiden. Aber der Draht soll auch nicht zu straff gespannt sein, da sich die Leisten verbiegen können. Die Drahtenden werden mit zwei kleinen Flachkopfnägelchen nahe den äußeren Bohrlöchern mit einem kleinen Hammer ins Holz geklopft.
Die Mittelwände kann der Imker, wenn er die nötigen Geräte und eigenes Wachs hat, selber herstellen oder im Fachhandel kaufen. Dazu muß er aber die genaue Größe seines Rähmchenmaßes kennen. Die Mittelwand sollte etwas kleiner als das lichte Maß des Rähmchens sein. Im warmen Brutnest dehnt sie sich noch und würde beim genauen Anliegen bauchen.

Das **Einlöten** der Mittelwände geschieht meist im Frühjahr mit Hilfe eines Trafo oder eines Batterieladegerätes, die die Spannung auf 8–12 Volt heruntersetzen. Die Drahtenden bzw. die Nagelköpfchen werden mit den Kontakten des Trafo berührt. Durch die Erwärmung beginnt das Wachs der Mittelwand an den Drähten zu schmelzen. Der Stromfluß muß dann rechtzeitig unterbrochen werden, weil sonst die Mittelwand durchschmelzen kann. Indem das Wachs wieder erkaltet, befestigt sich die Mittelwand an den Drähten.
Des weiteren gilt zu beachten:
● Die Mittelwände dürfen nicht kalt eingelötet werden, sondern in leicht erwärmtem Zustand. Man kann sie vorher eine Weile einzeln in die Sonne legen, bei Zimmertemperatur lagern oder in Ofennähe anwärmen.
● Die Mittelwand sollte unten aufs Rähmchen aufgestellt werden, so daß nach oben und nach den Seiten etwas Spielraum bleibt. Läßt man unten den Spalt, wird er nicht von den Bienen zugebaut, während er nach oben zu immer geschlossen wird.

Das Bienenjahr

Januar

Das Leben der Bienen: Bei großer Kälte sitzen alle Bienen eng in der Wintertraube. Es ist noch keine Brut vorhanden. Die Bienen schlafen aber nicht, verharren auch nicht in einer Winterstarre wie andere Tiere, sondern erzeugen durch Futteraufnahme und gemäßigte Bewegung Wärme. So lassen sie am Rande der Traube die Temperatur kaum unter 9 °C sinken. Im Innern liegt sie bei 25 °C. Bei klirrendem Frost setzen sie der Kälte kurze Temperaturstöße entgegen, die man als lautes Summen vernehmen kann.

Tritt im Januar ein ständiger Temperaturwechsel auf, ist das sehr ungünstig, weil die Königin bei mildem Wetter mit Legen beginnt. Die Arbeitsbienen müssen die Brut mit ihren Körperreserven ernähren und sind dann nicht lange genug lebensfähig. Für die Erstarkung eines Volkes im Frühjahr ist nicht nur die Anzahl der eingewinterten Bienen (ca. 10 000) von entscheidender Bedeutung, sondern auch ihr Verlust in den Frühjahrsmonaten. Es kommt nicht so sehr auf eine frühe Bruttätigkeit im Januar/Februar an, sondern vielmehr darauf, daß viele leistungsfähige Winterbienen möglichst lange ins Frühjahr hinein leben.

Die Arbeiten im Januar: Wie auch im Sommer ist dem Imker ein regelmäßiger Besuch am Bienenstand zu empfehlen. Hat dort alles seine Ordnung? Können Mäuse in die Völker? Werden die Bienen durch schlagende Türen oder Äste beunruhigt? Oder kann gar Nässe eindringen? Ist das Flugloch auch nicht mit toten Bienen verstopft? Es muß frei sein, damit bei mildem Wetter Bienen ausfliegen können. Aber damit ist es noch nicht getan. Der Winter bietet sich zur Weiterbildung an. Verschiedenste Gebiete der Imkerei können zur interessanten Lektüre werden. Aber es gibt auch noch praktisch etwas zu tun:
- Bau und Reparatur von Bienenkästen
- Bau und Drahten von Rähmchen
- Verarbeitung des gewonnenen Wachses, sofern es nicht verkauft wurde: Gießen von Mittelwänden, Ziehen von Kerzen.

Februar

Das Leben der Bienen: Mitte Februar ändert sich die Stimmung in der Wintertraube, je nach Volk und Höhenlage auch später. Im Zentrum werden erste Zellen geputzt und von der Königin bestiftet. Ein kleines Brutnest wird angelegt. Mit steigender Tempe-

Das Bienenjahr

ratur wird das Brutgeschäft ausgedehnt. Die Winterbienen opfern ihre Fett-Eiweiß-Reserven zur Ernährung der Brut. An einem schönen Vorfrühlingstag, an dem die Lufttemperatur auf über 10 °C steigt, lösen sich die Bienen von der Traube und wagen erste Ausflüge. Sie fliegen sich wieder neu auf ihren Standort ein. Die Kotblase hat sich mit den Verdauungsrückständen von ca. 3 Monaten angefüllt. Im freien Flug wird diese jetzt entleert. Gelbe Kotspritzer sind zu sehen.

Die Arbeiten im Februar: In regelmäßigen Abständen sollte das Flugloch kontrolliert werden, selbst bei schlechtem Wetter. Auch für die Bienen gilt: »Das Herrenauge macht das Vieh fett!« So kann der Imker schon viel über den Zustand der Völker ablesen. Ganz schwache Völker können eingeengt werden, aber nur bei schönem Wetter. Will man Völker innerhalb des bisherigen Flugbereiches verstellen, sollte das vor dem Reinigungsflug geschehen. Ansonsten können die Arbeiten vom Januar weitergeführt werden.

März

Das Leben der Bienen: In wärmeren Gebieten erwacht das Volk zu neuem Leben. Die ständig wachsende Brut und die schlüpfenden Jungbienen verzehren Blütenstaub. Pollen von Haseln, Weiden, Erlen und allerlei Frühjahrsblumen bieten Grundlage zu ihrer Entfaltung, wenn genügend Futter im Volk ist. Die Zehrung ist im März viel höher als im kalten Dezember. In den warmen Mittagsstunden kann das erste Vorspiel der Jungbienen beobachtet werden.

Auch Wasser muß in unmittelbarer Nähe des Bienenstandes vorhanden sein. Die Bienen fliegen auch bei kalter Luftfeuchtigkeit aus, um Wasser für die Brut zu holen, und können erfrieren, wenn die Wasserstelle zu weit entfernt ist.

Die Arbeiten im März: Neben dem Bienenstand stelle man eine Tränke auf, aber so, daß die Bienen nicht hineinkoten oder ertrinken können. Als Tränke kann dienen: Eine Wanne mit Moos, Korken oder Holzwolle oder ein Faß mit Tropfhahn, aus dem Wasser auf ein Brett mit einer kleinen Rille tröpfelt. In der Tränke müssen die Bienen immer Wasser vorfinden. Damit die Bienen die Wasserstelle gleich finden, mischt man anfangs dem Wasser etwas Honig bei.

Ohne die Bienen zu stören, sollte die Gemülldiagnose durchgeführt werden. An den Abfällen in den Bodeneinlagen läßt sich viel über den Zustand eines Volkes ablesen: Wieviel Wabengassen es besetzt, wieviel Futter es verzehrt hat und wie stark der Wintertotenfall war. Die Völker sollten nicht ohne dringenden Grund nachgesehen werden. Nur weisellose Völker sollten mit einem anderen Volk, z.B. einem Ableger, vereinigt werden, eine Temperatur über 15 °C vorausgesetzt.

Das Bienenjahr

Ist in Hinterbehandlungsbeuten das Fenster mit Feuchtigkeit beschlagen, brütet das Volk. Es will ungestört sein. Wärme, Honig, Blütenstaub und Wasser genügen ihm.

Sofern übrige Pollenwaben vorhanden sind, hängt man diese in die Nähe des Brutnestes. Aber es ist besser, wenn die Pollenwaben über den Winter im Volk sind.

Für die kommende Saison können jetzt Mittelwände eingelötet werden, ca. 20 pro Volk inclusive Jungvölker und Schwärme, bei Hinterbehandlungsbeuten genügen oft weniger.

Sonstiges: Für zukünftige Tracht sorgen, Blumen säen, Hecken pflanzen.

April

Das Leben der Bienen: Mit der aufsteigenden Sonne und der weiteren Entfaltung vieler Blüten (Raps, Löwenzahn, Obst) kommt auch der Bien zu einer zunehmenden Entfaltung. Bau- und Sammellust setzen verstärkt ein. Es werden immer noch Bienen gezogen, die zur Ernte der Frühtracht nötig sind. Der Gedanke, den Bienen stehe aber noch eine lange Tracht bevor, stimmt nicht. Oft beginnt die Trachtzeit im Mai und endet Anfang Juli. Im April zeigt sich, welche Völker überlebensfähig sind. Ein Volk ist erst dann über den Winter gekommen, wenn bis zur Rapsblüte zwei Brutgenerationen geschlüpft sind.

Aus dem Wintervolk mit seinen langlebigen Bienen wird ein Sommervolk mit kurzlebigen. Es ist ein gutes Zeichen, wenn dieser Umwandlungsprozeß spät einsetzt, weil dadurch die Masse der Winterbienen bis zur Frühtrachtnutzung erhalten bleibt.

Die Arbeiten im April: Bei schönem Wetter erfolgt die erste große Völkerdurchsicht, die Durchlenzung. Von ihr hängt oft der Erfolg der Frühtracht ab. Alle Völker werden ausgewintert. Sie werden auf die Punkte, die Seite 56 beschrieben sind, untersucht. Dabei wird auch der Unterboden von Gemüll gesäubert.

Ist das Volk stark und groß, kann es erweitert werden. Mit Honiglösung fein besprühte Waben und Drohnenrahmen sollten erst gegeben werden, wenn die Kirschen blühen, denn Kirschblütenzeit ist Bauzeit.

Bei der Magazinbetriebsweise erweitert man dann, wenn die Bienen alle Waben und Wabengassen besetzen und nach unten durchhängen. Erweitert wird mit einem Magazin, das in der Mitte drei ausgebaute Waben, an dem 2. Randplatz einen Drohnenrahmen und dazwischen Mittelwände hat.

Bei Hinterbehandlungsbeuten kann das Erweitern mit Mittelwänden und Leerwaben nach und nach geschehen. Die Mittelwände werden ans Brutnest gehängt, wobei aber nichts am Brutnest, dem »Heiligtum des Biens«, verändert werden darf.

Alle Völker, die kümmerlich oder weisellos vorgefunden werden, müssen vereinigt werden. Bei weisellosen Völkern ist das einfach: Die Bienen wer-

Das Bienenjahr

den nahe am Bienenstand auf ein Tuch geklopft und betteln sich dann bei anderen Völkern ein. Schwache Völker haben eine schlechte Königin. Es empfiehlt sich, diese zu suchen und zu töten. Die Bienen können dann, wie eben beschrieben, abgeklopft werden. Anfallende Brut- und Futterwaben werden anderen Völkern zugehängt.

Bei der Magazinbetriebsweise können Völker auch einfach als ganzes Volk mit einem anderen vereinigt werden. Das weisellose Volk wird samt Magazin einem anderen Volk aufgesetzt. Zwischen die zwei Völker wird ein honigfeuchtes Zeitungspapier mit kleinen Löchern gelegt. Die Bienen mit ihren verschiedenen Düften können sich so langsam aneinander gewöhnen. Sie beißen nach und nach die Zeitung durch. Als Regel soll unbedingt beachtet werden: »Starke Völker stärken, schwache Völker schwächen.« Es bringt nichts, zwei schwache Völker miteinander zu vereinigen.

Futterergänzung bzw. Reizfütterung kann im April bei fehlender Tracht und langen Schlechtwetterperioden vonnöten sein. Die Bienen und ihre Brut haben jetzt einen hohen Futterbedarf. Noch bevor akuter Futtermangel auftritt, unter Umständen schon im März, muß gefüttert werden.

Ab April sollte man das Wabengut im Auge behalten. Mit der steigenden Temperatur werden die überwinterten Wachsmotten wieder aktiv und können die Waben schädigen.

Mai

Das Leben der Bienen: Das Brutgeschäft ist in vollem Gange. Blütenstaub und Nektar werden gesammelt. Erste Schwarmgedanken kommen auf. Für die Nutzung einer Frühtracht sollte möglichst schon der ganze Brutraum mit Bienen besetzt sein.

Die Arbeiten im Mai: Der Raum muß dem wachsenden Volk angepaßt und Mittelwände laufend zugehängt werden. Im Magazin kann man diese in die Nähe des Brutnestes rücken, dort werden sie schneller ausgebaut. Ist eine Mittelwand ausgebaut, kann man eine andere vom Rand her ans Brutnest hängen. Diesbezüglich entwickelt jeder Imker im Laufe der Zeit seine besonderen Verfahren. Jedoch sollte die alte Imkerregel beherzigt werden, vor den Eisheiligen nichts am Brutnest zu verändern.

Läßt bei einem Volk trotz guter Tracht der Bautrieb nach, bereitet es sich aufs Schwärmen vor. Ihm müssen leere Waben gegeben werden, damit die Königin gleich legen kann.

Sobald alle Waben mit Bienen besetzt sind und nach unten durchhängen, ist das Volk reif für den Honigraum oder ein weiteres Magazin. In Hinterbehandlungskästen werden die Deckbrettchen entfernt, dafür ein Absperrgitter gelegt und leere Waben bzw. gedeckelte Brutwaben vom Brutraum hochgehängt. In den Brutraum kommen Mittelwände und leere Waben.

Auch bei der Magazinbetriebsweise kann ähnlich verfahren werden. Ein

Das Bienenjahr

Absperrgitter wird auf das 2. oder 3. Magazin gelegt, und darüber werden leere Waben oder verdeckelte Brutwaben von unten in ein neues Magazin darüber gehängt. Unten können Mittelwände den leeren Raum ausfüllen. Im allgemeinen wird in der Magazinbetriebsweise ohne Absperrgitter geimkert. Die Bienen tragen die Waben am Rand meist ganz mit Honig voll, die dann geschleudert werden können. Es kann immer dann ein neues Magazin aufgesetzt werden, wenn alle Wabengassen voll Bienen sind.

Mit der Rapstracht kann die Schwarmstimmung einsetzen und ein Zwischenboden nötig werden, wie auf Seite 61 f. beschrieben, wenn man Schwärme verhindern will. Da sich aber nicht immer bei allen Völkern ein Schwärmen vermeiden läßt, müssen anfallende Schwärme versorgt werden.

Weiterhin sollte man die Jungvolkbildung nicht vergessen.

Juni

Das Leben der Bienen: Mit der Sommersonnenwende am 21. Juni erreichen die Bienen ihren Höhe- bzw. Wendepunkt. Die Schwarmstimmung verebbt wieder. Bei günstigem Wetter und Tracht widmen sich die Bienen bevorzugt der Honigbereitung. Das inzwischen gewachsene Volk legt Wintervorräte an.

Arbeiten im Juni: Für den Imker ist jetzt die Zeit der Ernte. Nur reifer Honig darf entnommen werden. Man sollte jedoch den Bienen einen Mindestvorrat belassen, da insbesondere Blütenhonig auch für die Gesundheit der Bienen unersetzlich ist.

Nach der Wiesentracht wird vielerorts in Gebiete mit besseren Trachtverhältnissen gewandert. Wenn der Wald nicht von Himbeer-, Brombeer- und Preiselbeerbeständen »gesäubert« wurde, kann er noch zu reichlichem Honigertrag beitragen. Es lohnt sich auch, Bestände von Ahorn, Robinie und Edelkastanie und später auch Fichte und Tanne anzuwandern.

In trachtlosen Zeiten kann Räuberei durch volksfremde Bienen zu Schaden führen. Da »jeder Räuberei eine Imkereselei« vorausgeht, liegt es in der Hand des Imkers, diese zu vermeiden. Alle Arbeiten am offenen Volk sollten zügig verlaufen, Waben nicht offen hingestellt und Futter oder Honig nicht verkleckert werden. Finden die Bienen nur eine Spur Zucker, melden sie Tracht, und im Nu fliegen unzählige Bienen und suchen hartnäckig nach Nahrung. Sie können in das geöffnete Volk fliegen und dort räubern. Da sich die beräuberten Bienen wehren, kann es zu großen Bienenverlusten kommen. Oft wird dabei auch die Königin getötet. In den meisten Fällen sind schwache Völker gefährdet.

Ist bereits eine Räuberei ausgebrochen, muß sofort mit der Bearbeitung aufgehört und ca. 2 Stunden gewartet werden. Der Imker kann versuchen,

Das Bienenjahr

die Bienen mit Abwehrspray zu vertreiben. Wird ein Volk ausgeräubert, was auch im Frühjahr bei schwachen Völkern geschehen kann, sollte der Imker den Kasten ausräumen und leer stehen lassen, sonst stürzen sich die Räuber auf die Nachbarfluglöcher und können dort weitere Völker umbringen.

Juli

Das Leben der Bienen: Bei nachlassender Tracht läßt die Bruttätigkeit stark nach, manche Völker machen sogar eine regelrechte Brutpause. Die schlüpfenden Bienen sind in weiser Voraussicht zum Teil schon zur »Arbeitslosigkeit« bestimmt. Sie sollen sich Reserven von Fett und Eiweiß anlegen, Winterbienen werden. Die im Juli/August anfallende Tröpfeltracht gestattet diese Entwicklung in den meisten Fällen. Anders ist es, wenn der Wald honigt. Er verlangt den Völkern alle Kräfte ab, so daß sie zu Trachtende meistens nicht mehr überlebensfähig sind. Oft tritt, vor allem bei Pollenmangel, Schwarzsucht auf. Der Imker muß deswegen rechtzeitig für Jungvölker gesorgt haben.
Im Juli werden schon erste Drohnen abgetrieben.
Die Arbeiten im Juli: In Gegenden, in denen der Juli gänzlich nektartrocken ist, muß darauf geachtet werden, daß die Völker nicht verhungern. Überhaupt sollte ein gewisses Minimum an Vorräten, mindestens 1–2 volle Futterwaben, immer in jedem Volk vorhanden sein. Wo keine Tracht mehr zu erwarten ist, können die Honigräume abgeräumt und das Brutnest sowie der Wabensitz für den kommenden Winter geordnet werden. Alle nur halbausgebauten Mittelwände, nichtbebrütete und dunkle Waben werden ausgesondert und helle, mehrmals bebrütete Waben eingehängt.
Völker in Hinterbehandlungsbeuten sollten auf mindestens 8, in Magazinen auf mindestens 9 Waben überwintern. Wenn keine Tracht mehr zu erwarten ist, ist es gut, wenn mit der Wintereinfütterung begonnen wird. Besonders Jungvölker danken eine frühe Einfütterung.

August

Das Leben der Bienen: Die Bienen richten ihren Wintersitz. Das eingetragene Futter wird rund um das Brutnest gelagert, so daß dieses langsam eingeengt wird. Die letzten Drohnen werden abgetrieben. Wo dies nicht der Fall ist, will das Volk vermutlich umweiseln. Vorhandene oder gar gedeckelte Weiselzellen darf man auf keinen Fall ausbrechen. Das stille Umweiseln ist die höchste Tugend der Bienen. Der Glaube, daß man durch Zusetzen einer teuren Reinzuchtkönigin dem Volk etwas Gutes tue, bringt oft Enttäuschungen.
Die Arbeiten im August: Die Frage, ob noch in eine Waldtracht gewandert

Das Bienenjahr

werden soll, kann sich in manchen Jahren stellen. Oft bedeutet aber das Nutzen einer späten Waldtracht das Ende für ein Volk. Es hat auch keinen Sinn, schwache Völker in die Tannentracht zu bringen. Sie müssen mit stärkeren vereinigt werden.

Es ist anzustreben, daß bis Mitte August alle Völker ihren Wintervorrat erhalten haben. Wichtig ist bei Völkern, die auf 2 Zargen eingefüttert werden, daß sich alle Brutwaben im untersten Magazin befinden, weil die Bienen nur nach oben zehren.

Sofern noch keine Varroakontrolle durchgeführt wurde, muß sie jetzt geschehen.

September

Das Leben der Bienen: Wie in allen Monaten wird auch im September das Geschehen entscheidend durch das Wetter bestimmt. Bei Sonnenschein und Spättracht können die Bienen noch einmal in Brut gehen. Pollentracht ist günstig für die Entwicklung im nächsten Jahr. Aller Pollenvorrat sollte in den Völkern bleiben. Es können die Pollenvorräte unter den einzelnen Völkern verteilt werden.

Ist es kalt, stellen die Bienen jegliche unnötige Flugaktivität ein und ziehen sich zur Wintertraube zusammen. Kommen zwischendurch warme Tage, lösen sie die Traube wieder.

Die Arbeiten im September: Die Völker sollten aufgefüttert sein. Auch die Völker, die in der Spättracht waren, müssen, nachdem sie abgeschleudert sind, schnellstens eingefüttert werden. Gut ist es, wenn man diesen bereits gedeckelte Futterwaben aus anderen Völkern zuhängen kann.

Oktober November Dezember

Das Leben der Bienen: In diesen Monaten neigt sich das Bienenleben zur Innerlichkeit. Tagsüber wagen sie noch letzte Ausflüge. Erste Nachtfröste und Temperaturen um 8 °C veranlassen sie, sich zur Wintertraube zusammenzuziehen. Im Oktober schlüpft oft die letzte Brut.

Wenn die Bienen trocken sitzen, können sie die kälteste Jahreszeit unbeschadet überstehen. Doch sollten mindestens 10 000 Bienen gemeinsam in der Traube überwintern. Durch ständigen Platzwechsel gelangen die äußeren Bienen regelmäßig in den warmen Innenbereich. Von Zeit zu Zeit machen die Bienen noch Reinigungsflüge, sofern es die Temperatur zuläßt. Das ist sehr wichtig, denn können die Bienen längere Zeit nicht abkoten, besteht vermehrte Gefahr von Amöbenruhr oder Nosematose (S. 96).

Was den Schnee anbelangt: Selbst wenn die Kästen vor Schnee nicht mehr zu sehen sind, ist das kein Grund zur Aufregung. Die Bienen ersticken nicht, im Gegenteil, der Schnee hält sie gleichmäßig warm. Es kann nur gefährlich werden, wenn die Fluglöcher ganz vereisen, was

Die Bienenweide

aber selten vorkommt. Auch Kohlendioxidgehalte von 6% und mehr schaden den Bienen nicht (in der normalen Luft sind 0,03–0,06%). Kalte Winter sind gut für die Bienen, nur stark wechselndes Wetter ist gefährlich: Die Völker können früh in Brut gehen und bei Kälterückschlägen in Not geraten.

Arbeiten von Oktober bis Dezember: Bei schönem Wetter sollte, sofern nötig, die Varroabekämpfung durchgeführt werden.
Die Völker sind durch eine isolierende Bedeckung vor Kälte und Feuchtigkeit zu schützen.
Außerdem ist das Flugloch weiter einzuengen. Schon während der Einfütterung ist es ratsam, die Fluglöcher wegen möglicher Räubereigefahr zu verkleinern, besonders bei den Magazinen. Im Winter können Spitzmäuse ungebetene Gäste im Bienenvolk sein. Deswegen empfiehlt sich, ein 7 mm weites Maschengitter vor dem Flugloch anzubringen. Weiter sind die Bienenkästen auch so zu sichern, daß sich hungrige Meisen nicht von Bienen ernähren können. Um die Vögel abzuhalten, sollten sie in gebührender Entfernung vom Bienenstand gefüttert werden.
Alle übriggebliebenen schönen Waben sollten gut in Schränken oder leeren Magazinen verwahrt werden, in denen Essigsäure verdunstet.

Die Bienenweide (Tracht)

Neben der richtigen Betriebsweise sollte eine üppige und vielseitige Bienenweide zur Hauptsorge des Imkers gehören. Jede Bereicherung der Flora ist zugleich eine Bereicherung für die Bienen. Jede Verarmung empfinden sie als Mangel. Es darf nicht unterschätzt werden, welch gesunde Wirkung auf die Bienen selbst von kleinen Blütenbeständen ausgeht. Es ist nicht unbedingt ein eigener Garten nötig. Ödland, Steinbrüche, Wegränder und Hecken können hierfür sinnvoll genutzt werden. Gelingt es dem Imker, die Bienenweide zu verbessern, hat er – schönes Wetter vorausgesetzt – kaum Sorgen mit kranken Völkern, und der Honigertrag stimmt auch. Fehler in der Betriebsweise können sich nicht so nachteilig auswirken. Es gehört mit zu den schönsten Aufgaben des Imkers, herauszufinden, wann und wo die einzelnen Pflanzenarten am besten gedeihen und attraktiv für die Bienen sind.
Es gibt Blüten, die sehr gern beflogen

Die Bienenweide

werden, andere weniger und manche überhaupt nicht. Auch bietet nicht jede Pflanzenart Blütenstaub und Nektar gleichermaßen. Manche spenden überwiegend süßen Nektar, bei anderen können sich die Bienen nur Blütenstaub holen. Grundsätzlich kann man die Trachten unterscheiden nach:
1. Trachtzeit: Früh-, Sommer- und Spättracht,
2. Trachtgut: Pollen-, Nektar- und Honigtautracht.

Die **Frühtracht** erstreckt sich auf die ersten Trachten von April bis Juni. Krokusse, Haseln und Weiden bieten den Bienen ersten Pollen; Weiden, Obst, Löwenzahn und Raps zusätzlich noch Nektar.

Die **Sommertracht** reicht wegen der modernen Landbaumethoden kaum mehr für die Existenz der Völker. Unkräuter wie Kornblume und Hederich brachten früher reichlich Nektar und Pollen. Fichte, Spitzahorn, Roßkastanie, Robinie, Linden, Faulbaum, Brombeeren, Esparsetten, Weißklee und Wiesensalbei sind mancherorts willkommene Trachtquellen.

Die **Spättracht** kann von blühenden Gründüngungspflanzen wie z.B. Gelbsenf, Raps oder Phacelia eine gute Pollenversorgung bringen. Weißtanne und Fichte können noch sehr spät »honigen«. Eine ausgesprochene Spättrachtpflanze ist das Heidekraut.

Pollentracht: Die Blüten werden nicht zu allen Tageszeiten nach Pollen beflogen, sondern nur nach dem Öffnen der Staubgefäße. Der Blütenstaub wird mit Speichel und Honig vermischt und in Pollenhöschen ins Volk getragen. Es bereitet dem Imker immer Freude, wenn seine Bienen mit bunten Pollenhöschen heimkehren. Die Farbenskala der Höschen kann erstaunlich groß sein.

Pollen ist für die Aufzucht von Brut und Jungbienen nötig. Der Eigenbedarf eines Volkes wird auf ca. 30 kg/Jahr geschätzt. Blütenstaub sollte dem Volk vom Vorfrühling bis in den Spätherbst zur Verfügung stehen. Im Mai/Juni gibt es trotz des Volkswachstums einen Überschuß, der als Vorrat angelegt wird. Der Blütenstaub wird so fest in die Zellen gestampft, daß er sich beim Schleudern nicht löst. Dort macht er eine milchsaure Gärung durch. Mit Honig versiegelt ist er lange haltbar. Mangelnde Pollentracht läßt sich nicht vollwertig ersetzen. Nur in Notfällen sollten Pollenersatzmittel, die im Handel angeboten werden, gefüttert werden.

Der Wert des Pollens ist unterschiedlich bei den einzelnen Pflanzenarten: Blütenstaub von Weiden, Obst, Klee, Raps und Krokus gilt als wertvoll, von Erle, Birke, Pappel und Gräsern als weniger wertvoll und von Nadelhölzern als wertlos. Eventuell giftige Pollen haben Roßkastanien, bestimmte Heidekrautgewächse und manche Hahnenfußarten. Bei vielseitigem Pollenangebot ist aber jede Giftwirkung ausgeschlossen.

Die **wichtigsten pollenspendenden Pflanzenfamilien** sind:

Die Bienenweide

Rosengewächse: Kern-, Stein- und Beerenobstarten;
Kreuzblütler: Raps, Senf, Kohlarten;
Korbblütler: Löwenzahn, Sonnenblume, Kornblume, Disteln, Astern.

Die **Nektartracht:** Viele Pflanzen sondern in ihren Blüten aus den sogenannten Nektarien zuckerhaltigen Saft, den Nektar. Er ist eine wäßrige Lösung und hat im Durchschnitt ca. 20% Zucker, meist Rohrzucker. Der Wassergehalt kann zwischen 30 und 90% schwanken. Zudem sind Mineralstoffe, Säuren und Vitamine enthalten. Der Nektar ist pflanzenartspezifisch in Menge und Zusammensetzung. Bezüglich seiner Bildung sind noch viele Fragen offen. Es ist jedoch bekannt, daß die Nektarbildung durch feucht-warme Luft begünstigt und durch trockene Winde gehemmt wird.

Der Eigenbedarf pro Volk liegt bei ca. 40 kg Honig/Jahr, was ca. 225 kg Nektar entspricht. Die Bienen saugen mit ihrem Rüssel den süßen Saft aus der Blüte in ihren Honigmagen. Schon beim Rückflug in den Stock setzt die Biene dem frisch gesammelten Nektar ein körpereigenes zuckerspaltendes Enzym zu. Dadurch wird der Rohrzucker in chemisch einfacheren Trauben- und Fruchtzucker gespalten – ein erster Schritt der Umwandlung von Nektar zu Honig. Das in Aufspaltung befindliche Nektar-Honiggemisch wird von den Sammelbienen an die Stockbienen weitergegeben und in die Zellen eingelagert. Der Honig wird noch öfters umgelagert. Wasser muß entzogen werden. Weitere Enzyme und bakterienhemmende Stoffe werden zugesetzt. Im Laufe der Zeit vollzieht sich eine chemische Umwandlung der süßen wäßrigen Blütenlösung zum goldenen Honig.

Die Zelle mit dem reifen Honig wird mit einer hellen, dünnen Wachsschicht luftdicht verschlossen. Das ist wichtig, weil offener Honig wasseranziehend ist. Es ist eine Besonderheit im Tierreich, daß Futter zubereitet und konserviert wird.

Damit die Bienen aber Überfluß an Honig haben, müssen mehrere Voraussetzungen gleichzeitig erfüllt sein:
• Schönes Flugwetter,
• ein möglichst großer Pflanzenbestand, der Nektar bzw. Honigtau absondert, unweit vom Bienenstand,
• genügend Flugbienen.

Die **wichtigsten nektarspendenden Pflanzenfamilien** sind:
Rosengewächse: Kern-, Stein- und Beerenobstarten;
Lippenblütler: Wiesensalbei, Thymian, Majoran, Lavendel, Taubnessel;
Korbblütler: Löwenzahn, Kornblume, Sonnenblume, Goldruten;
Schmetterlingsblütler: Weißklee, Luzerne, Esparsette.

Die Honigtautracht: Honigtau ist ebenfalls eine zuckerhaltige wäßrige Lösung, jedoch mit Eiweißbestandteilen. Er wird aber nicht von den Pflanzen selber, sondern von bestimmten Blatt- und Rindensaugern, Läusen, ausgeschieden, die an verschiedenen

Die Bienenweide

Gehölzen und krautartigen Pflanzen leben. Sie stechen bestimmte Saftbahnen (Phloem) der Pflanzen an und saugen an Blättern, Trieben und Knospen den Siebröhrensaft, der u.a. frisch produzierte Nährstoffe der Pflanze führt. Dieser hat einen Zuckergehalt von 16–20%, Aminosäuren und viele Mineralstoffe. Die Läuse brauchen für den Eigenbedarf aber nur 5–10% der Kohlenhydrate und die Hälfte der Aminosäuren (Eiweißbausteine). Das übrige scheiden sie aus. Sie verwandeln jedoch den Pflanzenzucker. So kann Honigtau, der von der gleichen Pflanze stammt, aber durch verschiedene Pflanzensauger ging, ganz unterschiedlich zusammengesetzt sein. Deswegen kann es vorkommen, daß Honigtau von Bienen in einem Jahr verschmäht, in einem anderen aber gern gesammelt wird.

Rindenläuse spritzen den süßen Saft meist ab. Glänzende klebrige Tropfen sind dann auf den Blättern des Unterwuchses zu sehen. Bei den Schildläusen löst sich der süße Tropfen und rollt auf die Unterlage.

Der Honigertrag hängt vom Gedeihen der Läuse ab, das wiederum von der Witterung und dem Zustand der Bäume bestimmt wird. Schlecht sind heiße, trockene Sommertage ohne Morgentau, Temperaturstürze, Platzregen und Hagel. Sie bewirken das Stocken oder Abbrechen der Honigtautracht. Positiv wirken sich hohes Grundwasser, hohe Luftfeuchte und Flußnähe aus.

Die Bedeutung der Waldtracht hat in den letzten Jahren durch die abnehmende Blütentracht und größere Wertschätzung des Waldhonigs zugenommen. Viele Imker nützen die Blütentracht zum Aufbau der Völker für die Waldtracht.

Insgesamt gibt es ca. 100 verschiedene Honigtauerzeuger, jede Baumart hat eine oder mehrere Arten davon. Der Imker sollte die wichtigsten mit der Zeit kennenlernen. Bei uns spielen Schildläuse (Lecanien) und Rindenläuse (Lachniden) die Hauptrolle.

Die **Lecanien** bringen im Gegensatz zu den Lachniden pro Jahr nur eine Generation hervor. Im Winter findet man die weiblichen Larven unter den Quirlschuppen versteckt, die männlichen Larven als Schilde auf den Nadeln ihres Wirtes. Im Frühjahr häuten sich die Larven zu erwachsenen Tieren. Eigenartig ist, daß die erwachsenen Weibchen festsitzen. Sie werden als »Knöpfe« in den Quirlen sichtbar. Die Weibchen leben von April/Mai bis Juli. Mitte Mai sondern sie gewöhnlich den meisten Honigtau ab. Zur Zeit der Holunderblüte ist meist Lecanientracht. Diese ist im Unterschied zur Lachnidentracht relativ kurz, oft nur 8–14 Tage. Deswegen sollte, schon bevor die Tracht einsetzt, mit den Bienen aufgewandert werden.

Die Männchen sind klein und beweglich. Nach der Begattung entwickeln sich im Leib des immer größer werdenden Weibchens 200–1000 Larven. Diese schlüpfen nach dem Tod der

Die Bienenweide

Mutter vom Juli bis September und überwintern in den Quirlen der Nadeln. Bezüglich der Trachtbeobachtung besteht ein wichtiger Unterschied zwischen den Lecanien und Lachniden. Wichtig für das Zustandekommen einer Tracht: die Vermehrung der Lecanien findet schon im Vorjahr statt, bei den Lachniden dagegen erst kurze Zeit vor dem Einsetzen der Tracht.

Die wichtigsten Lecanien sind:

Die **Kleine Lecanie** (*Physokermes piceae*) oder **Fichtenquirlschildlaus** bevorzugt altes Holz, schwachwüchsige und beschattete Zweige. Sie zählt vielerorts zu den ergiebigsten und zuverlässigsten Honigtaulieferanten der Fichte. Die rötlich-bräunliche Laus ist schwer zu erkennen, weil sie knospenartig aussieht und dazu noch an den jüngsten Zweigquirlen sitzt. Auch auf anderen Bäumen wie Thuja und Eiche können besondere Arten von Schildläusen vorkommen und zu einer Tracht führen.

Die **Große Lecanie** (*Physokermes hemicryphus*) gedeiht mehr an starkwüchsigen Zweigen. Ihr Honigtau wird vorwiegend von Ameisen gesammelt.

Die **Lachniden** überwintern als Ei. Im April entwickelt sich daraus ein ungeflügeltes Weibchen, das im Mai lebendige Läusetöchter zur Welt bringt. Im Juni kann eine 2. Tochtergeneration entstehen, unter Umständen noch eine dritte. Die 2. Generation kann aber schon geflügelte Tiere hervorbringen, insbesondere wenn die Nahrungsversorgung bzw. der Stickstoffgehalt des Phloemsaftes nachläßt. Diese können dann in andere Gebiete einfliegen und dort eine unerwartete Tracht herbeiführen. In der letzten Herbstgeneration, im Oktober, treten geflügelte Männchen auf, die die ungeflügelten Weibchen begatten. Bis Anfang November werden Wintereier abgelegt.

Nicht in jedem Jahr verläuft die Vermehrung der Läuse gleich, über die Jahre gesehen gibt es verschiedene Rhythmen. Die Läuse haben auch natürliche Gegenspieler: die Marienkäfer sowie die Larven von Florfliegen und Schlupfwespen.

Ameisen, besonders die Rote Waldameise, pflegen die Läuse. In der Nähe von Ameisennestern ist die Honigtauabsonderung deutlich vermehrt, trotz der mitzehrenden Ameisen. Durch Betrillern mit ihren Fühlern regen sie die Läuse zu häufiger Honigtauabsonderung an. Ameisen bringen auch manche Läusearten an günstige Futterstellen, wo sie gepflegt und sogar vor Feinden beschützt werden. Der Imker sollte deshalb helfen, die Ameisen zu schützen.

Die wichtigsten Lachniden sind:

Die **Rotbraun gepuderte Fichtenrindenlaus** (*Cinara pilicornis*), eine Laus, deren 1. Tochtergeneration schon früh im Jahr, meist auf den Maitrieben, vorkommt und am frühesten Honigtau bringt. Wenn Ende Mai 10–20 Kolonien pro Baum vorkommen, honigt die Fichte gut.

Die Bienenweide

Die **Große schwarze Fichtenrindenlaus** (*Cinara piceae*) wird 4–5 mm groß, sitzt meist in Gruppen zwischen den Nadeln der Fichte und saugt an der Rinde von dünnen Zweigen und am Stamm. Anfang Juni, selten erst im Juli, liefert sie eine gute Tracht. Da mehrere Tochtergenerationen im Jahr auftreten, kann je nach Witterung bis September Honigtau erzeugt werden.

Die **Grüne Tannenhoniglaus** (*Cinara pectinatae*), 5 mm groß, grün mit zwei weißen Streifen auf dem Rücken. Sie lebt nicht in Kolonien, sondern einzeln auf den Nadeln, wo sie saugt. Sie ist lichtscheu und überwintert als Ei auf der Nadelunterseite. Die Tracht kann sich von Mai bis September hinziehen. Meist kommt alle 4–6 Jahre eine reichliche Tracht. Die Grüne Tannenhoniglaus ist der bedeutendste Honigtauerzeuger der Tanne. Es gibt außerdem auch noch eine schwarz gefärbte Art.

Die nachfolgende Tabelle (nach Maurizio und Graff) gibt einen Überblick über die wichtigsten Trachtpflanzen, ihre Blütezeit sowie ihre Nektar- bzw. Pollenausbeute.

Die wichtigsten einheimischen Trachtpflanzen

Blütezeit: 1–12 = Monatszahl, 1 = Januar, 12 = Dezember

Ausbeute: 1 = gering, 4 = sehr gut
★ Honigtau vorhanden

Frühtracht:

Bezeichnung	Blütezeit	Nektar	Pollen	Honigtau
Ahornarten				
Bergahorn	5	4	2	★
Feldahorn	4–5	2	1	★
Spitzahorn	4–5	3	2	★
Bärenlauch	5	2	1	
Beerensträucher				
Brombeere	6–9	3	3	
Himbeere	5–7	4	3	
Johannisbeere	4–5	2	1	
Stachelbeere	4–5	3	2	
Birke	4–5		2	★
Borretsch	5–7	3	2	
Buche	4–5		3	★
Dotterblume	3–5	2	3	
Eberesche	5	2	2	
Eiche	4–6		3	★
Erle	1–3–5		3	★
Esche	4–5		2	★
Geißfuß	6–7	2	1	
Hartriegel	5–6	2	1	
Hasel	2–3	3	2	★
Kornelkirsche	2–4	3	2	
Kreuzdorn	5–6	2	1	
Lerchensporn	3–5	2	3	
Löwenzahn	4–5	3	4	
Lungenkraut	3–5	1	1	
Märzglöckchen	2–4	2	2	
Nadelhölzer (s. Sommertracht)				
Nieswurz	12–4	2	3	

Die Bienenweide

Bezeichnung	Blütezeit	Nektar	Pollen	Honigtau
Obstbäume				
Kernobst				
Apfel	4–5	4	4	
Birne	4–5	2	3	
Steinobst				
Aprikose	4	2	2	
Kirsche, Süß-	4	4	4	
Kirsche, Sauer-	4	4	4	
Mandel	3–4	3	3	
Pfirsich	3–4	2	2	
Pflaume	4–5	2	2	★
Pappel	3–4		3	★
Raps	4–5	4	4	
Robinie	6	4	2	
Roßkastanie	5–6	3	2	★
Rübsen	4–5	4	2	
Salbei	6–8	3	1	
Schneeglöckchen	2–3	2	2	
Schwarzdorn	4–5	2	3	
Segge	4–6		1	
Traubenkirsche	5–6	2	2	
Ulme	3–4		3	★
Vergißmeinnicht	3–6	2		
Weide	3–5	4	4	
Weißdorn	5–6	2	2	
Wiesenkerbel	4–6	2	2	
Windröschen	3–9		2	
Winterling	2–3	2	3	

Sommertracht:

Bezeichnung	Blütezeit	Nektar	Pollen	Honigtau
Ackerbohne	5–7	2	2	★
Ahorn (s. Frühtracht)				
Ampfer	5–8		2	
Bärenklau	6–9	3	1	
Birke				
Buche (s. Frühtracht)				
Eiche				
Distel (Acker-)	7–8	3	2	
Esparsette	5–7	4	4	
Fichte (Rottanne)	5–6		2	★
Flockenblume	6–8	3	2	
Gamander	7–8	3	1	
Gräser, Getreide	5–7		2	
Hahnenfuß	3–9	1	1	
Hederich	6–7	3	2	
Hornklee	5–9	3	1	
Kiefer (Föhre)	5–6		2	★
Kleearten				
Bastardklee	5–9	4	3	
Inkarnatklee	5–7	3	3	
Rotklee	6–9	3	3	
Weißklee	5–10	4	3	
Knöterricharten	5–10	1	1	
Kohlarten	5–7	3	2	
Kornblume	5–10	3	3	
Lärche	3–4		1	★
Lindenarten				
Silberlinde	7	3	1	★
Sommerlinde	6	3	1	★
Winterlinde	7	3	1	★
Luzerne	6–9	3	1	
Mädesüß	6–7		3	
Mais	6–9		4	
Mohn	5–8		4	
Möhre	6–9	2	1	
Pastinak	7–8	1	1	
Platterbse	6–9	2	1	
Senf	6–7	2	2	
Sonnenblume	7–10	3	3	
Steinklee	6–9	4	3	
Stockrose	7–9	3	1	
Tanne (Weißtanne)	6		2	★
Waldrebe	5–9	2	2	
Wegerich	5–10		3	
Wiesenraute	5–8		2	

Die Bienenweide

Spättracht:

Bezeichnung	Blütezeit	Nektar	Pollen	Honigtau
Besenheide	6–10	4	1	
Buchweizen	6–9	4	2	
Efeu	9–10	3	1	
Eibisch	7–8	3	1	
Glockenheide	6–9	3	1	
Goldrute	7–9	3	2	
Herbstlöwenzahn	7–10	2	1	
Jungfernrebe	7–9	1	2	
Mais	6–9		4	
Minze	7–9	2		
Rotklee	6–9	3	3	
Sandglöckchen	6–8	3	2	
Wegerich	5–10		3	
Weidenröschen	6–9	3	2	
Wusperkraut	7–9	3		

Städtische Tracht:

Bezeichnung	Blütezeit	Nektar	Pollen	Honigtau
Ahorn (s. Frühtracht)				
Blumenesche	5–6	1	3	
Edelkastanie	6–7	4	3	★
Götterbaum	7	3	2	
Jungfernrebe	7–8	1	2	
Liguster	6–7	2	1	
Linde (s. Sommertracht)				
Robinie	6	4	2	
Roßkastanie	5–6	3	2	
Schnurbaum	8	3	2	

Kulturpflanzen:

Bezeichnung	Blütezeit	Nektar	Pollen	Honigtau
Ackerbohne	5–7	2	2	★
Beerensträucher (s. Frühtracht)				
Buchweizen	6–9	4	2	
Drachenkopf	5–7	3		
Edelkastanie	6–7	4	3	★
Erbse	5–6	1	1	
Esparsette	5–7	4	4	
Fenchel	6–7	3	2	
Futtermalve	7–9	2	1	
Gurke	6–8	3	2	
Hanf	6–8		2	
Kleearten (s. Sommertracht)				
Kohlarten	5–7	3	2	
Kürbis	6–8	3	2	
Laucharten	5–7	3	1	
Lein	6–7	1	1	
Lupine	6–9		2	
Luzerne	6–9	3	1	
Mais	6–9		4	
Melone	6–8	2	1	
Mohn	5–8		4	
Möhre	6–9	2	1	
Obstbäume (s. Frühtracht)				
Ölrauke	5–7	3	2	
Pastinak	7–8	1	1	
Phacelie	6–8	4	1	
Raps	4–5	4	4	
Rebe	6–7	1	1	
Rübsen	4–5	4	2	
Senf	6–7	2	2	
Serradella	6–7	3	1	
Sonnenblume	7–10	3	3	
Spargel	4–5	3	3	
Süßklee	5–8	3	2	
Wicke	5–7	1	1	

Die Gefährdungen der Biene

Mit steigender Intensität der Tierhaltung nimmt die Anfälligkeit gegenüber Krankheiten und Schädlingen zu. Das gilt auch für unsere durchgezüchteten Honigbienen. Meist ermöglichen für die Bienen ungünstige Umstände die Vermehrung und Verbreitung von Erregern und Parasiten, die vielleicht latent im Volk vorhanden sind.

Der Imker braucht bei bienengemäßer Pflege und guter Tracht keine Angst vor Krankheiten zu haben. Dennoch sollte jeder wissen, von welchen Gefahren ein Bienenvolk bedroht werden kann und welche Krankheiten dem Amtstierarzt und Bienensachverständigen angezeigt werden müssen, denen dann die Bekämpfung obliegt.

Krankheiten der Brut

Bösartige Faulbrut (meldepflichtig)

Der Erreger ist ein sporenbildendes Stäbchenbakterium, *Bazillus larvae*. In der Dauerform als Spore kann es mit der Nahrung in den Darm der Maden gelangen. Dort entwickelt sich aus der Spore der schädigende Bazillus, durch den die Larve getötet wird. Der Bazillus geht dann wieder in die Dauerform als Spore über und kann jahrzehntelang ansteckungsfähig bleiben.

Symptome werden oft erst bemerkt, wenn es für das Überleben des Volkes zu spät ist. Die Zelldeckel der Brut sind eingefallen, oft durchlöchert. Die darunter befindlichen abgestorbenen Maden bilden, durch Hineinstechen mit einem Streichholz erkennbar, eine hellbraune, zentimeterlange, stark fadenziehende, schleimige Masse, die faulig riecht. An der unteren Längsseite der Zelle liegt ein dunkelbrauner, harter, festanliegender Belag, der Schorf, der aus bis zu 2,5 Milliarden einzelner Faulbrutsporen bestehen kann.

Die Infektion durch Sporen kann aus dem befallenen Volk selber, durch verfliegende Bienen, verlassene Bienenstände oder über Müllhalden erfolgen. Auch durch Verfüttern von ausländischem oder fremdem Honig kann die Faulbrut eingeschleppt werden. Man sollte deshalb nur eigenen Honig verfüttern.

Die gutartige Faulbrut

Mehrere Erreger, z.B. *Bazillus larvae*, *Streptococcus pluton* u.a., verursachen ein Zersetzen der Bienenmaden, meist im Spätsommer. Die Infektion erfolgt schon im Rundmadenstadium. Bei Befall findet sich auf der unteren

Gefährdungen

Längsseite der Zellen der »Faulbrutschorf«. Er rührt von den Resten der befallenen Maden her. Bei der Untersuchung mit dem Streichholz zeigen sich keine Schleimfäden. Der Schorf ist ablösbar, und auch der faulige Geruch fehlt. Die Krankheit ist weniger gefährlich als die vorgenannte bösartige Faulbrut.

Die Kalkbrut

Diese Erkrankung tritt am häufigsten auf, richtet jedoch kaum größeren Schaden an. Sie ist oft auf eine Unterkühlung zurückzuführen, z.B. wenn viel Brut angelegt wurde und nach einem Kälteeinbruch zu wenig Bienen vorhanden sind, um sie zu wärmen. Der Erreger ist ein Schimmelpilz (*Ascophora apis*), der in allen Völkern vorkommt. Er kann sich aber nur dann vermehren und der Brut schädlich werden, wenn zuviel Feuchtigkeit im Stock ist.

Als Spore gelangt der Pilz mit der Nahrung in den Darm der Made und bringt diese zum Austrocknen. Von den Bienen werden dann die meist schwarz-weißlichen Mumien vors Flugloch geschafft. Brutwaben von stark befallenen Völkern klappern beim Schütteln.

Bei Befall mit Kalkbrut lasse man die gesunde Brut im Honigraum schlüpfen und füttere abends mit 1/2 l warmer Honiglösung, um den Putztrieb anzuregen. Die Völker müssen unter Umständen eingeengt, die Betriebsweise überdacht werden.

Die Sackbrut

Die Sackbrut ist eine seltene Brutkrankheit. Bei ungünstigen Tracht- oder Witterungsbedingungen kann sie auch seuchenhaft auftreten, in den meisten Fällen verläuft sie aber harmlos. Der Erreger dieser Krankheit ist ein Virus (*Morator aetatulae*). Durch die Fütterung wird er auf die jungen Maden übertragen. Meist erfolgt die Infektion bei zwei Tage alten Rundmaden, die zu einem mit jaucheartiger Flüssigkeit gefüllten Säckchen werden. Mit einer Pinzette kann man das ganze Gebilde aus der Zelle ziehen. Die Flüssigkeit trocknet mit der Zeit ein, und die Madenhaut fällt zusammen. Übrig bleibt ein brauner Schorf am Zellboden.

Bei schwachem Befall hänge man die Waben in den Honigraum und schmelze bzw. verbrenne sie nach dem Schlüpfen der Bienen. Ansonsten halte man die Völker warm und rege den Putztrieb mit einer Fütterung von Honiglösung an. Bei starkem Befall und starken Völkern empfiehlt es sich, einen Kunstschwarm zu bilden. Stark geschwächte Völker schwefle man am besten ab.

Krankheiten der Brut und der erwachsenen Bienen

Die Steinbrut wird ebenfalls durch einen Schimmelpilz hervorgerufen, deshalb sind die Anfangssymptome denen der Kalkbrut ähnlich. Es ent-

Gefährdungen

stehen harte Mumien, die jedoch fest in der Zelle sitzen, so daß sie von den Bienen nicht entfernt werden können. Die harte Mumie kann am Kopfende der ehemaligen Streckmade gelblichgrüne Sporenrasen bilden, so daß diese einer Pollenzelle ähnelt. Gesunde Bienen können solche befallenen Maden mit Kittharz überziehen. Der Pilz kann aber auch erwachsene Bienen befallen und deren Hinterleib verfestigen. Diese krabbeln flugunfähig vor dem Stand umher. Obwohl die Krankheit selten ist, sollte ihr besondere Aufmerksamkeit entgegengebracht werden. Der Steinbrutschimmelpilz kann als einziger Bienenkankheitserreger auch den Menschen befallen. Langwierige Entzündungen können die Folge sein. Besteht irgendwo Verdacht, sollte der BSV benachrichtigt werden.

Die Varroatose (meldepflichtig) ist eine parasitäre Erkrankung, die zur Zeit weltweit das größte Problem in der Imkerei ist. Der Parasit ist die Milbe *Varroa Jacobsoni Oudemans,* ein Spinnentier. Die bräunliche Milbe ist mit bloßem Auge sichtbar. Das Weibchen ist 1,2 mm lang, das Männchen kleiner. Die Körperform ist queroval, der Rücken nach oben gewölbt und stark behaart. Die 4 Beinpaare haben Haftkolben.
Die Milbenweibchen halten sich meist an den unteren Bauch- und Rückenschuppen der Bienen auf. Dort überwintern sie auch. Vermehren können sie sich nur in der Bienenbrut. Ihr

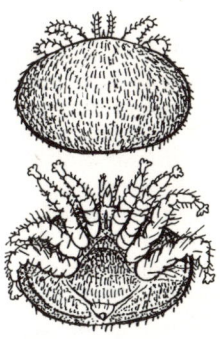

Varroamilbe, Rücken- und Bauchansicht

Entwicklungszyklus ist dem der Bienenbrut ähnlich: Die begattete Milbe sucht eine Brutzelle kurz vor der Verdeckung auf, Drohnenzellen werden bevorzugt. Nach der Verdeckung beginnt sie mit der Eiablage. Die Entwicklungszeit eines Weibchens beträgt 7–9 Tage, die eines Männchens 5–6 Tage. Die Begattung findet noch in der verdeckelten Zelle statt, die Männchen sterben danach. Die begatteten Weibchen verlassen mit den schlüpfenden Jungbienen die Wabenzelle.
Die Milben saugen von den Puppen und erwachsenen Bienen Hämolymphe. Da der Erstbefall spät entdeckt wird, ist erhöhte Aufmerksamkeit gefordert. Ein Verdacht auf Befall besteht, wenn das Brutnest löchrig ist, geschlüpfte Bienen mißgebildet sind, Puppen und verkrüppelte Bienen aus dem Stock gezerrt werden, die Bienen allgemein unruhig sind, schlecht flie-

Gefährdungen

gen und das Volk schwächer wird. Zuweilen sieht man auch Milben auf den Bienen. Eine Diagnose in einem späteren Befallsstadium kann einfach durchgeführt werden: Es werden im Juli/August austauschbare Unterlagen unter den Bienensitz gelegt und nach ein paar Tagen auf abgefallene Milben untersucht.

Die Vereinigung für wesensgemäße Bienenhaltung e.V. hat auf der Suche nach einem bienen- und imkerfreundlichen Mittel gegen die Varroa gefunden, daß eine einmalige 3%ige Oxalsäurebesprühung der einzelnen Waben (ca. 5 bis 8 ml pro Zanderwabe) im brutfreien Zustand im November/Dezember guten Erfolg hat. Dabei muß der Anwender selbstverständlich die Schutzvorschriften im Umgang mit Säure beachten. Eine kleine Broschüre über die Oxalsäure zur Varroabehandlung kann bei oben genanntem Verein bezogen werden.

Beachtenswert ist auch die »integrierte Varroabehandlung«, die Herr Imdorf vom eidgenössischen Bienenkundeinstitut in Liebefeld (siehe S. 102) propagiert. Die Varroa sollte kein Grund sein, mit der Bienenhaltung aufzuhören. Sie ist eine Herausforderung an alle!

Krankheiten der erwachsenen Biene

Die Tracheenmilbe (*Acarapis woodi*) (meldepflichtig) ist ein Spinnentier und nur 0,1 mm groß. Sie lebt und vermehrt sich in den Atemwegen der Biene, vorwiegend in den Hauptstämmen des ersten Bruströhrenpaares. Sie kann nicht längere Zeit ohne Biene existieren. Die Infektion geschieht in den ersten Lebenstagen, solange die Borsten der Luftröhrenöffnungen noch weich und geschmeidig sind. Eine Übertragung kann durch befallene Jungbienen, Geräte und Waben stattfinden. Die Milbe saugt in den Luftröhren ihre Nahrung aus dem Gewebe der Biene. Dadurch läßt ihre Leistungsfähigkeit und Flugfähigkeit nach: Am Flugloch sind »Krabbler«. Die Symptome treten meist nach der Winterruhe auf. Eine sichere Diagnose kann nur durch mikroskopische Untersuchung des Tracheensystems gestellt werden. Eine biologisch günstige Völkerführung kann einem Aufkommen der Milbe vorbeugen. Es empfiehlt sich, bei Trachtmangel auch im zeitigen Frühjahr in Gebiete zu wandern, die der Entwicklung der Biene förderlich sind.

Die Nosematose tritt meistens im Frühjahr auf und kann zu großen Schädigungen führen. Mit ihr ist zu rechnen, wenn der Reinigungsflug nicht rechtzeitig stattfinden kann. Der Erreger ist ein einzelliger Parasit, er vermehrt sich im Mitteldarm der erwachsenen Biene, wo er mit der Nahrung hingelangt. Verdauungsstörungen sind die Folge. Die Ammenbienen können zwar die Larven noch füttern, brauchen dazu aber ihre Körperreserven auf, werden flugun-

Gefährdungen

fähig und sterben vorzeitig, weil sie keine neuen Eiweiße mehr bilden können. Die Sporen werden mit dem Kot ausgeschieden, den man als braungelbe, wäßrige Spritzer auf den Flugbrettern und Beutenwänden finden kann. Interessanterweise werden Jungbienen bis zum 15. Lebenstag nicht befallen. Bei Verdacht kann der Imker einer Biene den Darm aus dem Hinterleib drücken (Darmprobe); ist der Mitteldarm nicht fleischfarben, sondern milchig weiß, und riecht er unangenehm, besteht Verdacht auf Nosema. Der Erreger tritt überall auf und schädigt vor allem geschwächte Völker. Vorbeugend helfen
- ein günstiger Standort mit ganzjährig reichlicher Tracht;
- gute Spätsommerpflege mit frühzeitiger Einfütterung;
- nur gute, starke Völker einzuwintern;
- das Volk im Frühjahr nicht zu großem Bruteinschlag zu treiben;
- Wassertränken zu überdachen;
- Eichenrindentee dem Winterfutter beizufügen.

Die Ruhr: Während des Winters können Verdauungsstörungen auftreten, die zu Durchfall führen, weshalb die Ruhr mit der Nosematose verwechselt werden kann. Die Bienen entleeren ihre überlastete Kotblase im Stock. Die Ruhr ist nicht ansteckend wie die Nosema. Vorbeugen kann man, indem man einen guten Teil Blütenhonig beläßt, allen Honigtauhonig entnimmt sowie rechtzeitig einfüttert und dem Winterfutter Kamillentee zusetzt. Im Winter sollten jegliche Störungen vermieden werden, damit keine vermehrte Zehrung nötig wird.

Die Schwarzsucht tritt häufig nach guter Waldtracht auf. Mineralstoffreicher Honigtau, mangelnde Blütenstaubversorgung und Bakterien verursachen Stoffwechselstörungen. Die Bienen werden haarlos und erhalten dadurch ein schwarzes Aussehen. Ihre Vitalität ist geschwächt. Eine Behandlung ist nur möglich, wenn die Völker aus der Waldtracht genommen werden. Eine Fütterung mit Blütenhonig bewirkt oft eine schlagartige Besserung.

Schädlinge der Bienen

Die Bienenlaus ist eine 1,5 mm große, flügellose Fliege. Sie hat 3 Beinpaare und ist längsoval. Die Läuse sitzen meist auf dem Brustkorb der Biene und wandern von da zur Mundgegend, wo sie sich ihre Nahrung

Bienenlaus

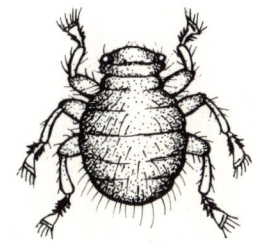

Gefährdungen

vom Rüssel holen. Die Weiseln werden bevorzugt befallen. Bei starkem Befall läßt die Königin mit der Eiablage nach. Die Läuse werden bei der Varroabekämpfung mit erfaßt.

Der Bienenwolf ist eine Grabwespe mit gelb-schwarz gemustertem Körper. Das Weibchen ist 12–16 mm und das Männchen 10–11 mm groß. Gefährlich ist nur das Weibchen, das Bienen fängt. Die Opfer werden angestochen, betäubt und ausgesaugt oder dienen der Brut als Nahrung. Bei massenhaftem Auftreten empfiehlt es sich, mit den Völkern abzuwandern und so den Bienenwolf auszuhungern.

Die Wespen können in manchen Jahren dem Imker und den Bienen lästig werden. In Fangflaschen mit engem Hals, die zu einem Drittel mit Zuckerwasser und etwas Bier oder Most gefüllt sind, kann man sie ablenken bzw. unschädlich machen.

Die Große und Kleine Wachsmotte sind Schmetterlinge und gehören zu den wenigen Lebewesen, die Wachs verdauen können. Beide Falter sind unscheinbar graubraun. Die weiblichen Wachsmotten dringen ins Bienenvolk, in Wabenschränke und Wachslager ein und legen Eipakete auf den Waben ab. Aus den Eiern entwickeln sich weiße Rankmaden von 2–3 cm Größe. Diese zerfressen das Wachs. Ihre Fraßgänge sind mit feinen grauen Gespinstfäden und

Wachsmotte mit Rankmade

schwarzen Kotkrümeln durchzogen. Die Rankmade verpuppt sich in einem weißen, papierartigen Kokon. Nach etwa 45 Tagen schlüpft der neue Falter. Bei einer Temperatur unter 9 °C kommt die Entwicklung zum Stillstand. Eier und Larven können aber Temperaturen unter 0 °C ertragen. Unter Umständen kann die Gesamtentwicklung des Falters 3 Monate dauern, so können Herbst-Eier überwintern. Gesunde, starke Völker können mit Wachsmotten fertigwerden. Wichtig ist, daß alle Waben mit Bienen besetzt sind.
Waben sollten in dicht schließenden Schränken aufbewahrt werden. Wie-

Gefährdungen

derholtes Schwefeln im Sommer im Abstand von 14 Tagen schützt vor Schäden. Es gibt dazu Wabenschwefler, eine Blechbüchse mit Löchern, die, um jegliche Feuergefahr zu vermeiden, auf ein Blech oder eine Steinplatte gestellt wird. Die Schwefeldämpfe töten nur Maden und Falter, aber nicht die Eier. Im Handel gibt es zur Bekämpfung Paradichlorbenzol, es führt jedoch zu schädlichen Rückständen. Im Winter können 50 ml 60–85%ige technische Essigsäure in einem Teller oben (Essigsäuredämpfe sind schwerer als Luft) in den Wabenschrank oder den Magazinstapel gestellt werden. Sie verdunstet und tötet Eier und Larven sowie viele Krankheitserreger. Wegen erhöhter Rostgefahr sollten Rähmchen mit Edelstahldraht gedrahtet sein.

Grundsätzlich sollten alle Waben vor Gebrauch gut durchgelüftet werden.

Die Kleine Gartenameise kann sehr lästig werden, wenn sie massenhaft in Völker einwandert und dort Honig nascht. Vorbeugend sollten Bienenhäuser einen ameisensicheren Sockel haben: in diesem befindet sich eine Rille, in die Wasser oder Dieselöl gefüllt wird, was die Ameisen am Weiterkrabbeln hindert.

Die Spitzmäuse, besonders die vom Aussterben bedrohten Zwergspitzmäuse, sind im Sommer nützliche Insektenfresser. Im Winter können sie aber in Bienenkästen schlüpfen und Bienen fressen. Um dies zu verhindern,

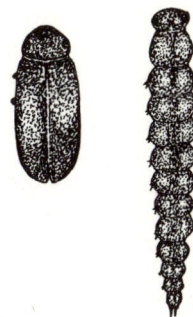

Speckkäfer mit Larve

hält man das Flugloch eng oder bringt ein Gitter (Maschenweite ca. 7 mm) an.

Weitere Mitbewohner:
Eine Reihe von Kleinsttieren finden bei den Bienen Unterschlupf, ohne merklichen Schaden anzurichten: Ohrwürmer, Silberfischchen, Speckkäfer, Afterskorpione und einige Milbenarten. Sie ernähren sich größtenteils vom Gemüll der Bienen. Die Afterskorpione vertilgen sogar die Eier von Wachsmotten und Bienenläusen. Einige Milbenarten können jedoch Pollenvorräte verzehren. Sauberkeit und regelmäßiges Entfernen von Gemüll und toten Bienen verhindert die Ausbreitung dieser Mitbewohner.

Gefährdungen der Bienen durch Pflanzenschutzmittel

Vielfach werden unsere Kulturpflanzen von Insekten geschädigt, die eingesetzten Insektizide gefährden aber

Gefährdungen

oft auch Nutzinsekten. Der Gesetzgeber hat deswegen am 19. 12. 1972 eine Bienenschutzverordnung erlassen. Danach ist es verboten, bienengefährliche Mittel so anzuwenden, daß blühende Pflanzen getroffen werden. Wer dagegen verstößt, muß mit Strafe oder Bußgeldern rechnen. Trotz dieser Vorschriften sind pro Jahr in Deutschland mehrere tausend Bienenvölker von Vergiftungen betroffen. Die Dunkelziffer liegt aber weit höher.

Kontaktgifte wirken auf Nerven, Muskulatur und Blutkreislauf. Die Bienen verenden qualvoll in Krämpfen. Krampfzustände sind deshalb ein deutlicher Hinweis auf eine Vergiftung. Meist sind Flugbienen betroffen, auch Stockbienen können eingehen, wenn Flugbienen das Mittel im Haarpelz nach Hause tragen. Ist die vergiftete Trachtquelle in der Nähe, kann starker Totenfall das Flugloch verstopfen und zum »Verbrausen« (= Ersticken) des Volkes führen.

Fraßgifte gelangen meistens mit dem Blütenstaub ins Volk. Bei Genuß gehen schon die Jungbienen ein. Die Schäden verlaufen aber meist chronisch und sind schwer festzustellen, der Totenfall erstreckt sich oft über Wochen. Geschieht er im Juni, sind solche Völker sehr oft so geschwächt, daß sie sich bis zur Einwinterung nicht mehr erholen.

Maßnahmen bei Vergiftungsfällen:
Hegt der Imker Verdacht auf Vergiftung durch Pflanzenschutzmittel, gilt es herauszufinden, wer für den Schaden verantwortlich ist. Als erstes sollte der zuständige Pflanzenschutzdienst benachrichtigt werden. In Baden-Württemberg sind dies die Pflanzenschutzberater der Landwirtschaftsämter. Der Pflanzenschutzberater sammelt ca. 1000 tote Bienen und nimmt Pflanzenproben von den umliegenden Kulturen, die mit Pestiziden behandelt wurden. Bienen und Pflanzenproben werden getrennt in festen Pappschachteln an die Biologische Bundesanstalt in Braunschweig zur Untersuchung geschickt. Ein ausgefüllter Fragebogen muß beigefügt sein.

Zudem sollte man veranlassen, daß die Interessenvertretung den Schaden an den Völkern schätzt, damit der Versicherungsschutz nicht verlorengeht. Wird die Vergiftung durch Untersuchung der Proben tatsächlich bestätigt, muß der Verursacher vor Gericht verklagt werden.

Die geschädigten Völker bedürfen einer besonderen Pflege. Meistens müssen Völker miteinander vereinigt werden, um eine ausreichende Volksgröße zu haben. Die vereinigten Völker bekommen wieder mehr Lebensmut, wenn sie mit Honig gefüttert werden.

Anhang

Vereinswesen und Interessenvertretung

Imkervereine gibt es überall. In der Regel sind bei Versammlungen alle Interessierten willkommen. Die Mitgliedschaft im örtlichen Verein kann dem Laien den Einstieg wesentlich erleichtern und bietet auch einen gewissen Versicherungsschutz – sie ist aber keine Pflicht. Empfehlenswert sind Kurse zur Anfängerschulung, die von den Landesverbänden angeboten werden.

Der **Imkerkalender** erscheint jährlich und enthält alle Adressen, die für den Imker wichtig sein können – neben interessanten Kapiteln zur Imkerei.

Die **Vereinigung für wesensgemäße Bienenhaltung e.V.** (Hofgut Fischermühle, 72344 Rosenfeld) betreibt eine Versuchs- und Lehr-Imkerei. Neue Wege zu einer möglichen schonenen, naturgemäßen Betriebsweise werden dort erforscht. Für Interessierte gibt es ein Angebot an Kursen und Besichtigungen.

Für die aktuellen Informationen gibt es verschiedene Zeitschriften, die zumeist monatlich herauskommen:

Bienenpflege
Landesverband Württembergischer Imker
Am Reichelenberg 13
70184 Stuttgart

Das Bienenmütterchen
Internationaler Bund der Sklenarzüchter e.V.
Bohlweg 2
78176 Blumberg

Deutsches Bienenjournal –
Forum für Wissenschaft und Praxis
Deutscher Bauernverlag GmbH
Reinhardtstr. 14
10108 Berlin

Die Biene
Neue Presse Fachverlag
Vor der Höhe 4
35428 Espa

Imkerfreund
Ehrenwirth Verlag GmbH
Schwanthalerstr. 91
80336 München

Neue Bienenzucht
Landesverband
Schleswig-Holsteinischer Imker
Hanburgerstr. 109
23795 Bad Segeberg

Nordwestdeutsche Imkerzeitung
K.-A. Eickmeyer
Karkweg 108
27478 Cuxhaven

Eidgenössisches Bieneninstitut
CH-3097 Liebefeld

Schweizer Bienenzeitung
Sauerländer AG
Postfach
CH-5001 Aarau

Bienenvater
Österreichischer Imkerbund
Georg-Coch-Platz 3/IV
A-1010 Wien

Bienenwelt
Leopold Stocker Verlag
Bürgergasse 11
A-8011 Graz

Anhang

Literatur

DROEGE, G.: Das Imkerbuch. Neumann-Neudamm, Melsungen 1984.
FRISCH, K. VON: Aus dem Leben der Bienen. Springer, Berlin – Heidelberg – New York 1969.
HEROLD, E.: Heilwerte aus dem Bienenvolk. Ehrenwirth, München 1970.
HEROLD, E.: Neue Imkerschule, Ehrenwirth, München 1965.
HODGES, D.: The Pollen Loads Of The Honey Bee. Bee Research Association, London 1974.
JACOBY, R.: Das Imker-ABC. Verlag »Die Bienenzucht«, Bad Segeberg 1949.
LAMPEITL, F: Bienen halten. Ulmer Verlag, Stuttgart 1982.
MAURIZIO, A. / GRAFL, J.: Das Trachtpflanzenbuch. Ehrenwirth, München 1969.
PFEFFERLE, K.: Unser Imkern mit dem Magazin. Selbstverlag, Untermünstertal 1977.
POHL, E.: Die Imkerfibel. Ehrenwirth, München 1978.
RICHTER, J.: Imkerstimmen. Selbstverlag, Teplitz-Schönau 1930.
RÜDIGER, W.: Mein Name ist Apis. Ehrenwirth, München 1977.
STEINER, A.: Über das Wesen der Bienen. Steiner Verlag, Dornach 1978.
STORCH, H.: Der praktische Imker. Selbstverlag, Cappel 1978.
STORCH, H.: Am Flugloch. Selbstverlag, Cappel 1978.
THUN, M. K.: Die Biene, Haltung und Pflege. Aussaattage-Verlag M. Thun Verlag, Dexbach.
WEBER, V.: Das Wachsbuch. Ehrenwirth, München 1975.
WEISS, K.: Der Wochenend-Imker. Ehrenwirth, München 1980.
ZANDER, E.: Das Leben der Biene. Neubearbeitet von K. Weiß. Ulmer, Stuttgart 1964.
ZANDER, E.: Haltung und Zucht der Bienen. Neubearbeitet von F. K. Böttcher. Ulmer, Stuttgart 1979.
ZEILER, C.: Der Freizeitimker. Neumann-Neudamm, Melsungen 1984.

Fachausdrücke

Beute: allgemeiner Begriff für verschiedene Gehäusetypen in denen die Waben untergebracht sind.
Darmprobe: Untersuchungsmethode bei Verdacht auf Nosematose
Deutsch-Normal-Maß = Rähmchenmaß: 370 mm breit, 223 mm hoch, 825 cm^2 Flächeninhalt
Dickwabe: niedrigeres, dafür breiteres Rähmchen für den Honigraum
drohnenbrütig: wenn die Königin aus Witterungsgründen nicht zum Hochzeitsflug ausfliegen konnte, legt sie nur unbefruchtete, männliche Eier.
Durchlenzung: erste große Völkerdurchsicht im Frühjahr
einengen: verkleinern des Wohnraums der Bienen durch Entfernen von unbelegten Waben
Faulbrut: bakterielle Erkrankungen der Biene
Futterwaben: Waben, die nur mit Zuckerfutter gefüllt sind.
Gemüll: alles, was von den Bienen und Waben auf den Stockboden herabfällt, z.B. Haare, tote Bienen, Wachsstücke, Milben.
Heulen: Ton, den ein Volk ohne Königin abgibt.
Hofstaat: eine Gruppe von ca. 12 Arbeitsbienen, die die Königin begleiten
Kaltbau: die Waben stehen in der Beute senkrecht zum Flugloch
Lückenfütterung: Fütterung in trachtloser Zeit
Magazin: Beutentyp mit stapelbaren Teilen als Bienenwohnung

Anhang

Nachschaffungszelle: Königinnenzelle, die in einer Notsituation aus einer Arbeiterinnenzelle gemacht wurde.
Nachschwarm: Gruppe von Bienen, die beim Schwärmen zusammen mit der neu geschlüpften Königin den Stock verläßt.
Nagelprobe: Test, ob eine Biene Wasser oder Nektar zum Stock bringt.
Näpfchen: napfförmige Zelle, in der die Bienen Königinnen aufziehen.
Räuberei: volksfremde Bienen stehlen Honig.
Reizfütterung: zufüttern vor einer voraussichtlich guten Tracht, um die Bienen zur Bruttätigkeit anzuregen.
Schwarmstimmung: das Volk läßt in seiner normalen Bruttätigkeit nach und bereitet sich auf das Schwärmen vor.
sterzeln: Abgabe von Duftstoffen durch Arbeiterin vor dem Flugloch, woduch sie heimkehrenden Bienen das Auffinden des Heimatstockes erleichtert.
Stift: Ei der Biene
Varroa: Milbe, Bienenschädling
Verbrausen: bei Wasser- und Luftmangel und Erregung kann ein Volk ersticken – z.B. beim Wandern.

Volkscharakter: Grundstimmung eines Volkes, z.B. sanft, stechlustig o.ä.
Vollweisel: begattungsfähige Königin
Vorschwarm: erste Gruppe von Bienen, die beim Schwärmen zusammen mit der alten Königin den Stock verläßt.
Vorspiel: Orientierungsflug von Jungbienen nahe beim Flugloch, bei dem sie sich die Umgebung einprägen.
Wabensitz: der Begriff umschreibt, wie fest die Bienen auf den Waben bleiben, wenn das Volk geöffnet wird. Sie sollen dabei nicht wegfliegen.
Wachsspiegel: Wachsblättchen, die die Bienen ausscheiden und damit Waben bauen.
Warmbau: die Waben stehen parallel zum Flugloch
Weisel: Königin
weiselrichtig: das Volk verfügt über eine gesunde, legefähige Königin
Wirrbau: die Bienen bauen die Waben oder Wabenteile kreuz und quer.
Zander = Rähmchenmaß: 420 mm breit, 220 mm hoch, 924 cm^2 Flächeninhalt
Zarge: Teil eines Magazins = Kasten, in den die Waben gehängt werden.

Register

Amme 22, 28
Arbeitsbiene 10f., 13ff., 21ff., 36
Atmungssystem 25, 33
Augen 25
Auszugsbeute 43

Bautätigkeit 23
Befruchtung 19f., 37
Beinpaare 29f.
Bestäubung 6
Beute 42
Biene, Arten und Rassen 37ff.

Bienengift 9
Bienenhaus 50, 53
Bienenkorb 53, 54
Bienenlaus 97
Bienenschauer 50
Bienenstiche 40
Bienenwolf 98
Blutkreislauf 33
Brust 25, 28f.
Brutmilch 15, 22, 28
Brutnest 11, 13, 78, 81, 83
Bruttätigkeit 12, 78, 83
Brutwabe 35, 70, 84

Dadant 48
Darm 31
Dathepfeife 51, 71
Deutsch-Normal 48
Drohne 10, 19ff., 36, 83
Duftdrüsen 15, 25, 32
Durchlenzung 80

Eiablage 12, 15, 20
Entdeckelung 70
Entwicklung 13, 15

Faulbrut 93f.

Register

Fettkörper 34
Flügel 28
Freiaufstellung 50, 54
Fühler 26
Futtersaft 15, 22, 28
Fütterung 45, 65f.

Gelée royal 9
Gemüll 79
Geschlechtsorgane 20f., 34ff.
Giftblase 25, 31

Handwerkszeug 51
Harngefäße 25, 31
Häutung 13
Herz 25, 33
Hinterbehandlungsbeute 42f., 53, 60, 80ff.
Hinterleib 25, 30f., 32
Hochzeitsflug 19f.
Höschen 23, 29
Hofstaat 15
Honig 8, 11, 69f., 73ff., 81f., 87
Honigblase 25, 30f.
Honigtau 87f.

Kalkbrut 94
Kaltbau 42
Kittharz 9, 23, 29
Königin 10f., 15f., 36
Kopf 24ff.
Körbchen 19, 29
Kotblase 30, 78
Krankheiten 93
Kropf 27, 31
Kunstschwarm 62

Lachniden 88f.
Langstroth 48
Läuse 88
Lecanien 88ff.

Made 13, 28
Magazin 44f., 54, 66, 81, 83
Magen 30
Mittelwand 48, 77, 80
Mundwerkzeuge 25ff.
Muskelsystem 25

Nachschaffungskönigin 16
Nachschwarm 19, 60
Nagelprobe 31
Näpfchen 16
Nektar 23, 28, 87
Nervensystem 25, 34
Nosematose 84, 96

Oberbehandlungsbeute 44

Pflanzenschutzmittel 99f.
Pheromon 15
Pollen 8, 11, 15, 22f., 28, 72, 78, 80, 86
Propolis 9
Puppe 13, 15
Putzarbeit 22

Rähmchen 47f., 76
Rassen 37f.
Räuberei 82
Reizfütterung 65, 81
Rindenläuse 88ff.
Ruhr 66, 84, 97
Rüssel 27

Sackbrut 94
Sammeln 23
Schädlinge 97
Schildläuse 88f.
Schleuderung 70
Schwarm 19, 71, 81
Schwarmstimmung 57ff., 61, 82
Schwarzsucht 83, 97
Sinnesorgane 24ff.
Smoker 51

Sommerbienen 23
Speckkäfer 99
Speicheldrüse 28
Speiseröhre 27, 30
Stachelapparat 25, 31
Steinbrut 94
sterzeln 16, 32
Stift 15
Stigmen 33
Stockbiene 21
Stockkarte 57

tanzen 22f.
Tracheen 33
Tracheenmilbe 96
Tracht 85ff.
Tränke 79

Umweiseln, stilles 19

Varroa 84, 95ff.
Ventiltrichter 25, 30f.
Vergiftungsfälle 100
Vermehrung 57ff.
Völkerdurchsicht 56
Volksentwicklung 12
Vorräte 83f.
Vorschwarm 19, 57, 60
Vorspiel 23, 32, 79

Wabe 48f.
Wache 23
Wachs 8, 75, 78
Wachsdrüsen 23, 25, 32
Wachsmotte 81, 98
Wanderfront 46
Wandern 66f., 82f.
Warmbau 42
Wasser 23, 79
Winterbienen 23, 78, 80

Zander 48
Zarge 44
Zelle 13, 16, 20f.
Zunge 27